Bibliotheksarbeit 3

1997

Harrassowitz Verlag · Wiesbaden

Gerd Schmidt

Latein
für Bibliothekare

Eine Einführung

1997

Harrassowitz Verlag · Wiesbaden

Übersetzung des Umschlagtextes

Da zudem der Reichtum, wie man weiß, zuerst und in der Hauptsache nur den Unterhalt des Leibes betrifft, der Wert der Bücher aber in der Vervollkommnung der Vernunft besteht, die im eigentlichen Sinne ein menschliches Gut genannt wird, ist klar, daß für den Menschen, der die Vernunft gebraucht, die Bücher schätzenswerter als der Reichtum sind.

Richard de Bury: Philobiblon, II

Die Deutsche Bibliothek – CIP-Einheitsaufnahme

Schmidt, Gerd:
Latein für Bibliothekare : eine Einführung / Gerd Schmidt. –
Wiesbaden : Harrassowitz, 1997
 (Bibliotheksarbeit ; 3)
 ISBN 3-447-03887-X

Druck und Verarbeitung: WS Druckerei Werner Schaubruch GmbH, Bodenheim
Printed in Germany

ISSN 0945-4632
ISBN 3-447-03887-X

INHALT

VORWORT

*Der Lateinischen sprache soll er von rechtswegen so mächtig seyn, dass er vom
Stil urtheilen u. mit ausländern correct u. richtig Lateinisch sprechen könne.*
Johann Matthias Gesner:
"Wie ein Bibliothecarius beschaffen seyn müsse" (1748).

*Zum Vorbereitungsdienst kann zugelassen werden, wer ... Kenntnisse in Englisch,
Französisch und Lateinisch besitzt.*
Verordnung des Kultusministeriums über die Ausbildung und Prüfung
für den gehobenen Bibliotheksdienst an wissenschaftlichen Bibliotheken
in Baden-Württemberg (1968).

Wenn die Bibliothekare mit ihrem Latein am Ende sind, fangen sie mit der EDV an.
Elmar Mittler (um 1970).

Sind die Bibliothekare mit ihrem Latein am Ende? Was vor einigen Jahren noch ein
Bonmot war, erscheint inzwischen von der Wirklichkeit überholt. Die rasante Entwicklung der Informationstechnologie hat das bibliothekarische Berufsfeld tiefgrei-
fend verändert, als internationales Verständigungsmittel ist das Lateinische nahezu
bedeutungslos geworden. Dabei wird leicht übersehen, daß auch die moderne Informa-
tionsgesellschaft der Tradition verpflichtet ist, aus der sie sich nicht ohne weiteres
lösen kann. Die Sprache Roms hat das Abendland in wesentlichen Zügen mitgeprägt.
Soll das Erbe der Vergangenheit sachgerecht verwaltet und späteren Generationen
weitervermittelt werden, sind Lateinkenntnisse nach wie vor unabdingbar. Von daher
gesehen, mag ein Lehrbuch "Latein für Bibliothekare" noch immer nicht überflüssig
sein.

Die vorliegende Einführung geht zurück auf Lehrveranstaltungen, die mehrmals
an der Fachhochschule Stuttgart: Hochschule für Bibliotheks- und Informationswesen
durchgeführt wurden. Sie wendet sich zunächst an Anfänger, die einen praxisorien-
ten Zugang zur lateinischen Sprache suchen, dann an Interessenten, die früher erwor-
bene Grundkenntnisse wieder auffrischen möchten. Die Titelfassung ist zugegebener-
maßen konventionell: daß mit den Bibliothekaren der Berufsstand insgesamt gemeint
ist, versteht sich wohl von selbst.

Die Zielsetzung des Lehrbuchs bedingte in den Bereichen der Syntax und Formen-
lehre eine Reduktion auf das Unumgängliche (Sokrates auf dem Markt von Athen:
"Wie viele Dinge gibt es doch, die ich nicht brauche!"). Die Befürchtung, daß dabei
dem einen zuviel, dem anderen zu wenig weggelassen wurde, war nicht von der Hand
zu weisen. Der Verfasser hat sich redlich bemüht, zwischen Skylla und Charybdis
hindurchzusteuern. Wie weit ihm dies gelungen ist, mögen andere beurteilen.

Der für das Buch- und Bibliothekswesen relevante Wortschatz sollte demgegen-
über ausgiebig berücksichtigt werden. Das fachliche Spektrum ist entsprechend breit

gefächert: einbezogen wurden nicht nur Dichter, Geschichtsschreiber, Philosophen und Theologen, sondern auch Mediziner, Juristen und Naturwissenschaftler, wobei es entbehrlich erschien, Übersetzungen ins Lateinische als solche auszuweisen. Ebenso ist der zeitliche Rahmen weit gespannt: neben antiken und mittelalterlichen Beispielen stehen andere aus neuerer und neuester Zeit. Auf eine Differenzierung nach Epochen wurde bewußt verzichtet. Zur leichteren Einordnung sind jedoch in vielen Fällen knappe Angaben (Verfasser, Untertitel, Sacherklärungen u.a.) hinzugefügt. Inkonsequenzen ließen sich hier nicht immer vermeiden. Für das Verständnis der Zusammenhänge haben sie keine Bedeutung, so daß der Verfasser mit der Nachsicht des Lesers rechnet (Zusätze in lateinischer Sprache sind nicht als Übersetzungsübungen gedacht!).

Weitere Informationen findet man in den "Erläuterungen". Sie sind als gelegentliche Orientierungshilfen unter besonderer Berücksichtigung buch- und bibliotheksgeschichtlicher Aspekte zu verstehen; ein durchgehender Kommentar hätte den Rahmen des Lehrbuchs gesprengt.

Mit Ausnahme der ersten ist jede Unterrichtseinheit in drei Abschnitte gegliedert:

A. Textbeispiele

B. Vokabular

C. Grammatik

Bei der Übersetzung der Beispiele wird man sich zunächst eng an die vorgegebene Struktur halten, dann aber oft eine freiere Formulierung wählen, um dem deutschen Sprachempfinden zu genügen. Eingriffe in die Vorlage beschränken sich im wesentlichen auf didaktisch gebotene Kürzungen und Vereinheitlichungen der Schreibweise. Textauslassungen sind um der besseren Lesbarkeit willen nicht eigens vermerkt. Nur zögernd hat sich der Verfasser dazu entschlossen, von der Bezeichnung der Silbenquantitäten im Lateinischen abzusehen. Der Verzicht ist problematisch, dürfte sich aber letztlich mit den Erfordernissen der Praxis rechtfertigen lassen. Auf lexikalische Übernahmen aus dem Griechischen wird hingewiesen, wenn dies für das Verständnis der Formen geboten erscheint. In den Lektionen nicht behandelte Verbformen, die gleichwohl Berücksichtigung verdienen, sind im Anschluß an Lektion XX zusammengestellt.

Die Abbildungen möchten der Veranschaulichung des Lehrstoffs dienen und zur weiteren Beschäftigung mit der Materie einladen. "Ad fontes!" ist auch hier die Zielvorstellung.

Für mancherlei Hilfe danke ich Frau Beate Karcher, Frau Margarete Payer, Herrn Gerhard Kindle und Herrn Wolfgang Klemm. Herrn Michael Langfeld und dem Verlag Harrassowitz gilt mein Dank für die gute Zusammenarbeit.

Konzipiert wurde das Lehrbuch als Hilfsmittel für die bibliothekarische Arbeit. Sollte es darüber hinaus dazu beitragen, Interesse und Freude an einer gern als spröde angesehenen Materie zu wecken, wäre viel gewonnen.

Freiburg im Breisgau, im Oktober 1996   *Gerd Schmidt*

ABKÜRZUNGSVERZEICHNIS

Abb.	Abbildung
Abl.	Ablativ
Adj.	Adjektiv
Adv.	Adverb
Akk.	Akkusativ
Dat.	Dativ
f.	femininum
Gen.	Genetiv
griech.	griechisch
Komp.	Komparativ
Konj.	Konjunktiv
m.	masculinum
n.	neutrum
neg.	negativ
Nom.	Nominativ
Pers.	Person
Pl.	Plural
relg.	religiös
Sg.	Singular

LEKTION I

Das Lateinische ist ein Glied der indogermanischen oder indoeuropäischen Sprachfamilie, zu der auch die germanischen, keltischen, slawischen und indoiranischen Sprachen gehören. Sein Name leitet sich von den Latinern her, die in der Landschaft Latium in Mittelitalien ansässig waren. Mit der politischen und kulturellen Vormachtstellung Roms gewann die lateinische Sprache weite Verbreitung in der antiken Welt. Als Sprache der Kirche überdauerte sie den Untergang des römischen Reiches. Für die europäische Wissenschaft war das Lateinische bis weit in die Neuzeit die internationale Sprachgrundlage. In der Liturgie der katholischen Kirche spielte es noch im 20. Jahrhundert eine dominierende Rolle.

Aus dem Lateinischen haben sich die romanischen Sprachen (Italienisch, Französisch, Spanisch, Rumänisch u.a.) entwickelt. Zahlreiche Lehn- und Fremdwörter bezeugen den lateinischen Einfluß auch auf das Deutsche.

Das klassische lateinische Alphabet stimmt weitgehend mit dem heutigen überein, doch fehlen die Buchstaben j und w. k wird – von wenigen Ausnahmen abgesehen – durch c ersetzt. Die Buchstaben y und z sind in klassischen Texten nur bei Wörtern fremder Herkunft zu finden.

Die Römer schrieben zunächst nur Großbuchstaben (Majuskeln), aus denen sich im Laufe der Zeit die Kleinbuchstaben (Minuskeln) entwickelten. Großbuchstaben werden heute für Satz- und Versanfänge verwendet. Mit Majuskeln beginnen außerdem Eigennamen und von Eigennamen abgeleitete Adjektive und Adverbien.

Für die Aussprache des Lateinischen können folgende Hinweise als Leitlinien gelten:

c wurde bis zum Ende des Altertums als k gesprochen. Seit dem Ausgang der Antike sprach man c vor e, i, ae und oe wie z. In neuerer Zeit setzt sich die einheitliche Aussprache als k wieder durch (codex / incipit).

i wird vor Konsonanten als i, vor Vokalen im Anlaut und zwischen Vokalen im Inlaut als j gesprochen (lingua / ianua).

s ist auch vor p und t als s zu sprechen (spatium / status).

t wird in älterer Zeit auch vor i als t gesprochen. Erst seit der Spätantike ist die Aussprache als z verbreitet (editio).

v ist wie deutsches w zu sprechen (volumen).

Zweisilbige Wörter werden stets auf der ersten Silbe betont (códex/ópus). Die Betonung drei- und mehrsilbiger Wörter richtet sich nach der vorletzten Silbe. Enthält diese einen kurzen Vokal, liegt der Ton auf der drittletzten Silbe (página). Enthält sie einen langen Vokal (bzw. einen Doppellaut) oder einen kurzen Vokal, auf den zwei oder mehr Konsonanten folgen, so wird die zweitletzte Silbe betont (volúmen/trigínta).

codex	Buch, Kodex	editio	Ausgabe
incipit	er (sie, es) beginnt	volumen	Band
lingua	Zunge, Sprache	opus	Werk
ianua	Tür, Eingang, Zugang	pagina	Seite
spatium	Raum, Zwischenraum	triginta	dreißig
status	Zustand		

LEKTION II

A

1. (Georg Heym) **Umbra vitae.**
2. **Silvae** (Festschrift für Ernst Zinn zum 60. Geburtstag).
3. (Hildegard von Bingen) **Causae et curae.**
4. (Konrad Gesner) **Historia plantarum.**
5. **Vita Benedicti.**
6. **Historia mundi.**
7. (Athanasius Kircher) **Fasciculus epistolarum.**
8. (Cicero) **Epistulae ad Atticum.**
9. **Epistulae Senecae ad Paulum et Pauli ad Senecam.**
10. **In memoriam Manuel Gómez-Moreno.**
11. (Dionysius de Burgo Sancti Sepulchri) **Commentarius in Valerium Maximum.**
12. (Petrus Lombardus) **Glossa in epistulas Pauli.**
13. (Celsus) **De medicina.**
14. (Cicero) **De amicitia.**
15. (Johannes Gerson) **De custodia linguae.**
16. (Cicero) **De natura deorum.**
17. (Antonio Sebastiano Minturno) **De poeta.**
18. (Ovid) **Epistulae ex Ponto.**
19. **Cum figuris.**
20. **Sine loco et anno.**

B

umbra, -ae, f.	Schatten
vita, -ae, f.	Leben, Lebensbeschreibung
silva, -ae, f.	Wald, große Menge, Fülle
causa, -ae, f.	Grund, Ursache
et	und, auch
cura, -ae, f.	Sorge, Behandlung, Bemühung, Amt
historia, -ae, f.	Kunde, Geschichte
planta, -ae, f.	Setzling, Pflanze
mundus, -i, m.	Welt
epistula (epistola), -ae, f.	Brief, Epistel
fasciculus, -i, m.	kleines Bündel, Heft
ad (mit Akk.)	nach, an, bei, zu, bis zu
in (mit Akk.)	in, an, auf, nach, zu
(mit Abl.)	in, an, auf
memoria, -ae, f.	Gedächtnis, Erinnerung
commentarius, -i, m.	Kommentar

glossa, -ae, f.	Erklärung (einer Textstelle), Glosse
de (mit Abl.)	von, über, hinsichtlich
amicitia, -ae, f.	Freundschaft
medicina, -ae, f.	Heilmittel, Heilkunde, Medizin
custodia, -ae, f.	Aufsicht, Kontrolle
lingua, -ae, f.	Zunge, Sprache
natura, -ae, f.	Natur
deus, -i, m.	Gott
poeta, -ae, m.	Dichter
e, ex (mit Abl.)	aus, von, seit
Pontus, -i, m.	das Schwarze Meer, Pontus (Landschaft am Schwarzen Meer)
cum (mit Abl.)	mit
figura, -ae, f.	Gestalt, Bild, Abbildung
sine (mit Abl.)	ohne
locus, -i, m.	Ort, Stelle (im Buch)
loci, -orum, m.	Stellen (im Buch), Hauptlehren (einer Wissenschaft)
annus, -i, m.	Jahr

C

Einen bestimmten oder unbestimmten Artikel gibt es im Lateinischen nicht:
>   bibliotheca: die (eine) Bibliothek
>   catalogus: der (ein) Katalog

Substantiv

Die Form des Substantivs wird durch Zahl (Numerus), Geschlecht (Genus) und Fall (Kasus) bestimmt. Beim Numerus unterscheidet man Einzahl (Singular) und Mehrzahl (Plural), beim Genus männlich (masculinum), weiblich (femininum) und sächlich (neutrum).

Es gibt im Lateinischen sechs Fälle: Nominativ ("wer?", "was?"), Genetiv ("wessen?"), Dativ ("wem?"), Akkusativ ("wen?", "was?"), Ablativ ("womit?", "wovon?", "wodurch?"), Vokativ (Anredefall).

Die sieben Deklinationen sind jeweils nach dem Stammauslaut benannt. Der Stamm läßt sich ermitteln, wenn man vom Genetiv Plural das Kasuszeichen wegstreicht:
>   a-Deklination
>   historia: die Geschichte
>   Genetiv Plural: historiarum, Kasuszeichen: -rum, Stamm: historia-

Der Vokativ besitzt nur für den Singular der auf -us endenden Substantive und Adjektive der o-Deklination eine eigene Form; im übrigen ist er dem Nominativ gleich.

a-Deklination: Substantiv
fabula: die Erzählung, Stamm: fabula-

	Singular	
Nominativ	**fabula**	die Erzählung
Genetiv	**fabulae**	der Erzählung
Dativ	**fabulae**	der Erzählung
Akkusativ	**fabulam**	die Erzählung
Ablativ	**fabula**	durch die Erzählung

	Plural	
Nominativ	**fabulae**	die Erzählungen
Genetiv	**fabularum**	der Erzählungen
Dativ	**fabulis**	den Erzählungen
Akkusativ	**fabulas**	die Erzählungen
Ablativ	**fabulis**	durch die Erzählungen

o-Deklination: Substantive auf -us
medicus: der Arzt, Stamm: medico-

	Singular	*Plural*
Nominativ	**medicus**	**medici**
Genetiv	**medici**	**medicorum**
Dativ	**medico**	**medicis**
Akkusativ	**medicum**	**medicos**
Ablativ	**medico**	**medicis**
Vokativ	**medice**	**medici**

Es empfiehlt sich, bei jedem lateinischen Substantiv die Form des Genetivs und das Geschlecht mitzulernen:

medicina, -ae, f.: die Heilkunde
commentarius, -i, m.: der Kommentar

Substantive der a-Deklination sind meist Feminina. Bei Personen ist das natürliche Geschlecht maßgebend:

poeta, -ae, m.: der Dichter

Die auf -us endenden Substantive der o-Deklination sind in der Regel Maskulina.

Präpositionen
Präpositionen werden im Lateinischen meist mit dem Akkusativ verbunden. Mit dem Ablativ stehen:

a und *ab*, *de*, *ex* und *e*,
cum und *sine*, *pro* und *prae*

Bei *in* und *sub* steht auf die Frage "wo?" der Ablativ, auf die Frage "wohin?" der Akkusativ.

a, ab	von
pro	vor, für
prae	vor
in (mit Abl.)	in, an, auf
(mit Akk.)	in, auf, nach, zu
sub (mit Abl.)	unter
(mit Akk.)	unter

LEKTION III

A

1. (Thomas von Aquin) **De magistro.**
2. **Liber amicorum** (Albin Fringeli zu seinem 60. Geburtstage gewidmet von seinen Freunden).
3. **Libri sapientiae, libri vitae** (Schätze der ehemaligen Bibliothek der Benediktiner-Reichsabtei Ochsenhausen).
4. **Liber librorum** (5000 Jahre Buchkunst).
5. **Scriptorium** (Revue internationale des études relatives aux manuscrits).
6. **Verbum et signum** (Friedrich Ohly zum 60. Geburtstag).
7. (Anthony Thompson) **Vocabularium bibliothecarii.**
8. **Prooemium Marsilii Ficini in libros Plotini.**
9. (Arnaldus de Villanova) **Speculum medicinae.**
10. (René Descartes) **Musicae compendium.**
11. **Repertorium commentariorum in sententias Petri Lombardi.**
12. **Refugium animae bibliotheca** (Festschrift für Albert Kolb).
13. (Rupert von Deutz) **De victoria verbi.**
14. **Ex libris monasterii Wiblingen.**
15. **Cum privilegio.**
16. **Claustrum sine armario quasi castrum sine armamentario.**
17. **Collectanea historiae musicae.**
18. **Canticum canticorum.**
19. **Notae de vitiis et meritis.**
20. (Reiner Gemma Frisius) **De principiis astronomiae et cosmographiae.**

B

magister, -tri, m.	Meister, Lehrer, Magister
liber, -bri, m.	Buch
amicus, -i, m.	Freund
sapientia, -ae, f.	Weisheit
monasterium, -i, n.	Kloster

scriptorium, -i, n.	Schreibstube (eines Klosters)
verbum, -i, n.	Wort
signum, -i, n.	Zeichen, Merkmal
vocabularium, -i, n.	Wörterbuch
bibliothecarius, -i, m.	Bibliothekar
prooemium, -i, n.	Einleitung, Vorrede
speculum, -i, n.	Spiegel
musica, -ae, f.	Musik, Poesie, höhere Bildung
compendium, -i, n.	Abriß, Leitfaden, kurzgefaßtes Lehrbuch
repertorium, -i, n.	Verzeichnis, Nachschlagewerk
commentarium, -i, n.	Kommentar
sententia, -ae, f.	Meinung, Lehrsatz
refugium, -i, n.	Zuflucht
anima, -ae, f.	Seele
victoria, -ae, f.	Sieg
privilegium, -i, n.	Vorrecht, Privileg
claustrum, -i, n.	Kloster
armarium, -i, n.	Bücherschrank
quasi	gleichsam, wie
castrum, -i, n.	Burg
armamentarium, -i, n.	Zeughaus, Arsenal
collectanea, -orum, n.	Kollektaneen (Sammlung von Textstellen oder Bemerkungen), Sammelwerk
canticum, -i, n.	Gesang, Lied
Canticum canticorum	das Hohe Lied
nota, -ae, f.	Zeichen, Merkmal, Anmerkung
vitium, -i, n.	Fehler, Laster
meritum, -i, n.	Lohn, Verdienst
principium, -i, n.	Anfang, Grund, Grundlage, Prinzip
astronomia, -ae, f.	Sternkunde, Astronomie
cosmographia, -ae, f.	Weltbeschreibung, Kosmographie

C
o-Deklination (Fortsetzung)
Substantive auf -er
liber: das Buch, Stamm: libro-

	Singular	*Plural*
Nominativ	liber	libri
Genetiv	libri	librorum
Dativ	libro	libris
Akkusativ	librum	libros
Ablativ	libro	libris

Substantive auf -um
compendium: der Abriß, der Leitfaden, Stamm: compendio-

	Singular	*Plural*
Nominativ	compendium	compendia
Genetiv	compendii	compendiorum
Dativ	compendio	compendiis
Akkusativ	compendium	compendia
Ablativ	compendio	compendiis

Substantive der o-Deklination auf -er sind Maskulina, solche auf -um Neutra.
Für die Neutra aller Deklinationen gilt:
Die Formen für Akkusativ und Nominativ sind gleichlautend.
Im Nominativ und Akkusativ Plural lautet die Endung -a.

LEKTION IV

A

1. **Liber floridus** (Mittellateinische Studien. Paul Lehmann zum 65. Geburtstag).
2. **Elenchus bibliographicus.**
3. **Bibliopola novus** (Bilder und Texte aus der Welt des Buchhandels).
4. **Vita ac legenda sancti Maximiliani.**
5. (Jacobus de Voragine) **Legenda aurea.**
6. **Bibliographia patristica. Supplementum.**
7. (Rodericus Zamorensis) **Speculum vitae humanae.**
8. **Vocabularium iurisprudentiae Romanae.**
9. (Robertus Stephanus) **Dictionarium seu Latinae linguae thesaurus.**
10. **Miscellanea Bibliothecae Apostolicae Vaticanae.**
11. **Donum Indogermanicum** (Festgabe für Anton Scherer zum 70. Geburtstag).
12. **Litterae Medii Aevi** (Festschrift für Johanne Autenrieth zum 65. Geburtstag).
13. (Diogenes Laertius) **Clarorum philosophorum vitae.**
14. **Poetarum epicorum Graecorum testimonia et fragmenta.**
15. **Studia linguistica** (Revue de linguistique générale et comparée).
16. **Collectanea philologica** (Festschrift für Helmut Gipper zum 65. Geburtstag).
17. **Monumenta Germaniae Historica.**
18. **Inventarium manuscriptorum Germanicorum Palatinorum.**
19. **Biblia integra.**
20. (Augustinus) **De libero arbitrio.**

B

floridus, -a, -um	blühend, aus Blumen bestehend
elenchus, -i, m.	Verzeichnis, Register, Übersicht
bibliographicus, -a, -um	bibliographisch

GILBERT H. GORNIG (Hrsg.)

LIBER DISCIPULORUM

Festgabe
für Professor Dr. Dieter Blumenwitz

Verlag Peter Lang
Frankfurt am Main · Bern · New York · Paris

Abbildung 1

bibliopola, -ae, m.	Buchhändler
novus, -a, -um	neu
ac	und
legenda, -ae, f.	Heiligenerzählung, Legende
sanctus, -a, -um	heilig
aureus, -a, -um	golden
bibliographia, -ae, f.	Bibliographie
patristicus, -a, -um	patristisch, Kirchenväter-
supplementum, -i, n.	Ergänzung, Nachtrag
humanus, -a, -um	menschlich
iurisprudentia, -ae, f.	Rechtswissenschaft
Romanus, -a, -um	römisch
dictionarium, -i, n.	Wörterbuch
seu	oder
Latinus, -a, -um	lateinisch
thesaurus, -i, m.	Schatz, Schatzkammer, Wortschatz
miscellanea, -orum, n.	Schrift vermischten Inhalts, Miszellaneen
apostolicus, -a, -um	apostolisch
Vaticanus, -a, -um	zum Vatican gehörig, vatikanisch
donum, -i, n.	Gabe, Geschenk
Indogermanicus, -a, -um	indogermanisch
littera (litera), -ae, f.	Buchstabe, Schreiben,
	Pl.: Literatur, Wissenschaft(en)
medius, -a, -um	in der Mitte befindlich, der mittlere
aevum, -i, n.	Zeitalter
Medium Aevum	Mittelalter
clarus, -a, -um	glänzend, berühmt
philosophus, -i, m.	Philosoph
epicus, -a, -um	episch
Graecus, -a, -um	griechisch
testimonium, -i, n.	Zeugnis (vor Gericht), Zitat
fragmentum, -i, n.	Bruchstück
studium, -i, n.	Eifer, Studium
linguisticus, -a, -um	sprachwissenschaftlich
philologicus, -a, -um	philologisch
monumentum, -i, n.	Denkmal
Germania, -ae, f.	Germanien, Deutschland
historicus, -a, -um	geschichtlich
inventarium, -i, n.	Bestandsverzeichnis
manuscriptum, -i, n.	Handschrift
Germanicus, -a, -um	germanisch, deutsch
Palatinus, -a, -um	fürstlich, pfälzisch, hier: zur Bibliotheca Palatina gehörig

biblia, -ae, f.	Bibel
integer, -gra, -rum	unversehrt, unverkürzt, vollständig
liber, -era, -erum	frei
arbitrium, -i, n.	Schiedsspruch, Entscheidungsfähigkeit, Wille

C
Adjektiv
Adjektive stimmen in Numerus, Genus und Kasus mit dem Bezugswort überein:

bibliotheca ecclesiastica: die kirchliche Bibliothek

bibliothecarum ecclesiasticarum: der kirchlichen Bibliotheken

Die vom Maskulinum abweichenden Formen für Femininum und Neutrum sollten jeweils mitgelernt werden:

novus, -a, -um: neu

Substantivierte Adjektive des Neutrums stehen meist im Plural:

cetera: das übrige

Adjektive der a- und o-Deklination
Adjektive auf -us, -a, -um; bonus, bona, bonum: gut

	Singular		
	m.	*f.*	*n.*
Nominativ	bonus	bona	bonum
Genetiv	boni	bonae	boni
Dativ	bono	bonae	bono
Akkusativ	bonum	bonam	bonum
Ablativ	bono	bona	bono
Vokativ	bone	bona	bonum

	Plural		
	m.	*f.*	*n.*
Nominativ	boni	bonae	bona
Genetiv	bonorum	bonarum	bonorum
Dativ	bonis	bonis	bonis
Akkusativ	bonos	bonas	bonos
Ablativ	bonis	bonis	bonis

Adjektive auf -er, -ra, -rum; pulcher, pulchra, pulchrum: schön

	Singular		
	m.	*f.*	*n.*
Nominativ	pulcher	pulchra	pulchrum
Genetiv	pulchri	pulchrae	pulchri
Dativ	pulchro	pulchrae	pulchro
Akkusativ	pulchrum	pulchram	pulchrum
Ablativ	pulchro	pulchra	pulchro

	Plural		
	m.	*f.*	*n.*
Nominativ	pulchri	pulchrae	pulchra
Genetiv	pulchrorum	pulchrarum	pulchrorum
Dativ	pulchris	pulchris	pulchris
Akkusativ	pulchros	pulchras	pulchra
Ablativ	pulchris	pulchris	pulchris

Adjektive auf -er, -era, -erum; liber, libera, liberum: frei

	Singular		
	m.	*f.*	*n.*
Nominativ	liber	libera	liberum
Genetiv	liberi	liberae	liberi
Dativ	libero	liberae	libero
Akkusativ	liberum	liberam	liberum
Ablativ	libero	libera	libero

	Plural		
	m.	*f.*	*n.*
Nominativ	liberi	liberae	libera
Genetiv	liberorum	liberarum	liberorum
Dativ	liberis	liberis	liberis
Akkusativ	liberos	liberas	libera
Ablativ	liberis	liberis	liberis

Nicht verwechseln: libri, librorum, m.: die Bücher; liberi, liberorum, m.: die Kinder.

SAMUEL TAYLOR COLERIDGE

Biographia Literaria

OR BIOGRAPHICAL SKETCHES OF
MY LITERARY LIFE AND OPINIONS

EDITED WITH AN INTRODUCTION BY
GEORGE WATSON

DENT: LONDON
EVERYMAN'S LIBRARY
DUTTON: NEW YORK

Abbildung 2

LEKTION V

A

1. (Achilles Pirminius Gasser) **Historiarum et chronicorum mundi epitome velut index.**
2. **Bono homini donum** (Essays in Historical Linguistics in Memory of J. Alexander Kerns).
3. **Studia in honorem Fritz Hintze.**
4. (Cicero) **De oratore.**
5. (Thomas Browne) **Religio medici.**
6. (Victor E. von Gebsattel) **Imago hominis.**
7. **In libro humanitas** (Festschrift für Wilhelm Hoffmann).
8. (Manfred Frank) **Conditio moderna** (Essays, Reden, Programm).
9. (Bernhard von Breydenbach) **Peregrinatio in Terram Sanctam.**
10. **Speculum humanae salvationis.**
11. **Veritati et vitae** (Festschrift zum 150jährigen Bestehen der Theologischen Fakultät Eichstätt).
12. **De dignitate hominis** (Festschrift für Carlos-Josaphat Pinto de Oliveira).
13. **Codex iuris canonici.**
14. **Index auctorum et editorum.**
15. (Henri Quellet) **Bibliographia indicum, lexicorum et concordantiarum auctorum Latinorum.**
16. (Bonifaz Steidle) **Commentationes in regulam sancti Benedicti.**
17. **Ephemerides iuris canonici.**
18. **Leges nationum Germanicarum.**
19. (Johannes Gerson) **De remediis contra pusillanimitatem, scrupulositatem et contra deceptorias inimici consolationes.**
20. (Johannes Kepler) **De coni sectionibus.**
21. **Index nominum.**
22. **Corpus vasorum antiquorum.**
23. **Editio princeps.**
24. **Vetus Testamentum.**
25. **Biblia pauperum.**

B

chronica, -orum, n.	Geschichtsbücher nach der Zeitfolge, Chronik
epitome (griech.), -ae, f.	kurzer Auszug
velut	wie, gleichsam
index, -icis, m.	Verzeichnis, Register
bonus, -a, -um	gut
homo, -inis, m.	Mensch
honor, -oris, m.	Ehre

orator, -oris, m.	Redner
religio, -onis, f.	Religion
medicus, -i, m.	Arzt
imago, -inis, f.	Bild, Ebenbild
humanitas, -atis, f.	Menschlichkeit, Humanität
conditio, -onis, f.	Lage, Bedingung
modernus, -a, -um	neu, modern
peregrinatio, -onis, f.	Pilgerschaft, Pilgerfahrt
terra, -ae, f.	Erde, Land
Terra Sancta	das Heilige Land
salvatio, -onis, f.	Errettung, Heil
veritas, -atis, f.	Wahrheit
dignitas, -atis, f.	Würde
ius, iuris, n.	Recht
canonicus, -a, -um	kirchenrechtlich, kanonisch
ius canonicum	Kirchenrecht
auctor (autor), -oris, m.	Urheber, Verfasser
editor, -oris, m.	Herausgeber
lexicon (griech.)	Wörterbuch
concordantia, -ae, f.	Übereinstimmung, Konkordanz
commentatio, -onis, f.	wissenschaftliche Abhandlung, Erläuterung
regula, -ae, f.	Richtschnur, Regel, Ordensregel
ephemeris, -idis, f.	Tagebuch, Zeitschrift
lex, legis, f.	Gesetz
natio, -onis, f.	Volk, Nation
remedium, -i, n.	Heilmittel, Arznei
contra (mit Akk.)	gegen, wider
pusillanimitas, -atis, f.	Kleinmut
scrupulositas, -atis, f.	ängstliche Genauigkeit
deceptorius, -a, -um	trügerisch
inimicus, -i, m.	Feind, hier: Teufel
consolatio, -onis, f.	Trost, Tröstung
conus, -i, m.	Kegel
sectio, -onis, f.	Schnitt, Sektion
nomen, -inis, n.	Name, Substantiv
corpus, -oris, n.	Körper, Sammlung, Gesamtwerk
vas, vasis, n. Pl. vasa, -orum	Gefäß
antiquus, -a, -um	alt
princeps	vorderster, erster
editio, -onis, f.	Ausgabe
editio princeps	Erstausgabe, wichtigste Ausgabe
vetus, Gen.: -eris	alt
testamentum, -i, n.	letzter Wille, Testament

Vetus Testamentum	das Alte Testament
Novum Testamentum	das Neue Testament
pauper, Gen.: -eris	arm
Biblia pauperum	Armenbibel

C

Konsonantische Deklination: Substantiv

codex: der Kodex, Stamm: codic-

	Singular	*Plural*
Nominativ	codex	codices
Genetiv	codicis	codicum
Dativ	codici	codicibus
Akkusativ	codicem	codices
Ablativ	codice	codicibus

editio: die Ausgabe, Stamm: edition-

	Singular	*Plural*
Nominativ	editio	editiones
Genetiv	editionis	editionum
Dativ	editioni	editionibus
Akkusativ	editionem	editiones
Ablativ	editione	editionibus

opus: das Werk, Stamm: oper-

	Singular	*Plural*
Nominativ	opus	opera
Genetiv	operis	operum
Dativ	operi	operibus
Akkusativ	opus	opera
Ablativ	opere	operibus

Substantive der konsonantischen Deklination können Masculina, Feminina oder Neutra sein:

codex, -icis, m.
editio, -onis, f.
opus, -eris, n.

Konsonantische Deklination: Adjektiv

pauper, pauper, pauper: arm

	Singular		
	m.	*f.*	*n.*
Nominativ	pauper	pauper	pauper
Genetiv	pauperis	pauperis	pauperis
Dativ	pauperi	pauperi	pauperi
Akkusativ	pauperem	pauperem	pauper
Ablativ	paupere	paupere	paupere

	Plural		
	m.	*f.*	*n.*
Nominativ	pauperes	pauperes	paupera
Genetiv	pauperum	pauperum	pauperum
Dativ	pauperibus	pauperibus	pauperibus
Akkusativ	pauperes	pauperes	paupera
Ablativ	pauperibus	pauperibus	pauperibus

LEKTION VI

A

1. **Homo unius libri.**
2. **Catalogi duo operum Desiderii Erasmi.**
3. **Vellei* Paterculi historiarum libri duo.**
4. **Liber de duobus principiis.**
5. (Johannes Eck) **De sacrificio missae libri tres.**
6. **Legenda trium sociorum.**
7. **Psalterium Hebraeum, Graecum, Arabicum et Chaldaeum cum tribus Latinis interpretationibus et glossis.**
8. **Psalterium in quattuor linguis Hebraea Graeca Chaldaea Latina.**
9. (Johannes Regiomontanus) **De triangulis planis et sphaericis libri quinque.**
10. (Rudolf von Biberach) **De septem itineribus aeternitatis.**
11. (Johannes Reger) **Registrum alphabeticum super octo libros Ptolemaei.**
12. (Plinius) **Epistularum libri decem.**
13. (Pseudo-Cyprianus) **De duodecim abusivis saeculi.**
14. **Petri Rami arithmeticae libri duo, geometriae septem et viginti.**
15. **Diodori Siculi bibliothecae historicae libri quindecim de quadraginta.**
16. (Petrus Lotichius Secundus) **Elegiarum liber primus.**
17. (René Descartes) **Meditationes de prima philosophia.**
18. **Corpus apologetarum Christianorum secundi saeculi.**

* = Velleii

19. **Prooemium in quartam partem summae domini Antonini archiepiscopi Florentini ordinis praedicatorum.**

20. **Septuaginta. Volumen II. Libri poetici et prophetici. Editio nona.**

B

unus, -a, -um	einer
duo, -ae, -o	zwei
sacrificium, -i, n.	Opfer
missa, -ae, f.	Messe
tres, tria	drei
socius, -i, m.	Gefährte
psalterium, -i, n.	Psalter
Hebraeus (Hebraicus), -a, -um	hebräisch
Arabicus, -a, -um	arabisch
Chaldaeus (Chaldaicus), -a, -um	chaldäisch
interpretatio, -onis, f.	Erklärung, Deutung, Übersetzung
quattuor	vier
triangulum, -i, n.	Dreieck
planus, -a, -um	flach, eben
sphaericus, -a, -um	die Kugel betreffend, sphärisch
quinque	fünf
septem	sieben
iter, itineris, n.	Weg
aeternitas, -atis, f.	Ewigkeit
registrum, -i, n.	Verzeichnis
alphabeticus, -a, -um	alphabetisch
super (mit Akk.)	über, auf
octo	acht
decem	zehn
duodecim	zwölf
abusivum, -i, n.	Unsitte, Verkehrtheit
saeculum, -i, n.	Zeitalter, Jahrhundert
arithmetica, -ae, f.	Arithmetik
geometria, -ae, f.	Geometrie
viginti	zwanzig
quindecim	fünfzehn
quadraginta	vierzig
elegia, -ae, f.	Elegie
primus, -a, -um	der erste
meditatio, -ionis, f.	Nachdenken, Meditation
philosophia, -ae, f.	Philosophie
apologeta, -ae, m.	Verteidiger, Apologet
Christianus, -a, -um	christlich

secundus, -a, -um	der zweite
quartus, -a, -um	der vierte
pars, partis, f.*	Teil
summa, -ae, f.	Summe, Gesamtheit, zusammenfassende Darstellung
dominus, -i, m.	Herr
archiepiscopus, -i, m.	Erzbischof
Florentinus, -a, - um	zu Florenz gehörig
ordo, ordinis, m.	Reihe, Ordnung, (relg.) Orden
praedicator, -oris, m.	Prediger
ordo praedicatorum	Dominikanerorden
septuaginta	siebzig
Septuaginta	Septuaginta (die jüdische Übersetzung des Alten Testaments ins Griechische)
poeticus, -a, -um	dichterisch
propheticus -a, -um	prophetisch
nonus, -a, -um	der neunte

* Gemischte Deklination: s. Lektion X

C

Grundzahlen (Kardinalzahlen)

1	I	unus, -a, -um
2	II	duo, duae, duo
3	III	tres, tres, tria
4	IV	quattuor
5	V	quinque
6	VI	sex
7	VII	septem
8	VIII	octo
9	IX	novem
10	X	decem
11	XI	undecim
12	XII	duodecim
13	XIII	tredecim
14	XIV	quattuordecim
15	XV	quindecim
16	XVI	sedecim
17	XVII	septendecim
18	XVIII	duodeviginti
19	XIX	undeviginti
20	XX	viginti

30	XXX	triginta
40	XL	quadraginta
50	L	quinquaginta
60	LX	sexaginta
70	LXX	septuaginta
80	LXXX	octoginta
90	XC	nonaginta
100	C	centum

Die Grundzahlen vier bis hundert sind undeklinierbar.
Unus, duo, tres werden folgendermaßen dekliniert:

	m.	*f.*	*n.*
Nominativ	unus	una	unum
Genetiv	unius	unius	unius
Dativ	uni	uni	uni
Akkusativ	unum	unam	unum
Ablativ	uno	una	uno
Nominativ	duo	duae	duo
Genetiv	duorum	duarum	duorum
Dativ	duobus	duabus	duobus
Akkusativ	duo(s)	duas	duo
Ablativ	duobus	duabus	duobus
Nominativ	tres	tres	tria
Genetiv	trium	trium	trium
Dativ	tribus	tribus	tribus
Akkusativ	tres	tres	tria
Ablativ	tribus	tribus	tribus

Ordnungszahlen (Ordinalzahlen)

1. primus, -a, -um
2. secundus, -a, -um
3. tertius, -a, -um
4. quartus, -a, -um
5. quintus, -a, -um
6. sextus,- a, -um
7. septimus, -a, -um
8. octavus, -a, -um
9. nonus, -a, -um
10. decimus, -a, -um

11.	undecimus, -a, -um
12.	duodecimus, -a, -um
13.	tertius decimus, -a, -um
14.	quartus decimus, -a, -um
15.	quintus decimus, -a, -um
16.	sextus decimus, -a, -um
17.	septimus decimus, -a, -um
18.	duodevicesimus, -a, -um
19.	undevicesimus, -a, -um
20.	vicesimus, -a, -um
30.	tricesimus, -a, -um
40.	quadragesimus, -a, -um
50.	quinquagesimus, -a, -um
60.	sexagesimus, -a, -um
70.	septuagesimus, -a, -um
80.	octogesimus, -a, -um
90.	nonagesimus, -a , -um
100.	centesimus, -a, -um

Die Deklination der Ordnungszahlen erfolgt nach der a- und o- Deklination.
Bitte beachten:

prior, -ius: der erste (von zweien)

posterior, -ius / alter, -era, -erum: der zweite (von zweien)

volumen prius: erster Band

editio altera: zweite Ausgabe

(Vgl. Lektion XVII und XVIII).

LEKTION VII

A

1. (Georg Ebers) **Homo sum** (nach Terenz).
2. **Sum ex libris Christophori Erhardi Vitodurani.**
3. **Testamentum Novum. Est autem interpretatio Syriaca Novi Testamenti.**
4. **Inest tabula geographica una.**
5. **Insunt tabulae duae.**
6. **Fuit magistri Hartlevi de Marka** (Hinweis auf den Vorbesitzer).
7. **Sum Beati Rhenani. Nec muto dominum** (Besitzvermerk).
8. **Cogito** (Neue Wege zum Wissen der Welt).
9. **Exordium libri tractat de laude scriptorum** (Johannes Trithemius: De laude scriptorum).
10. **Scriptor devotus deum laudat, angelos laetificat, iustos homines confortat, peccatores emendat** (Johannes Trithemius: De laude scriptorum).
11. **Scriptores virtutem dant verbis** (Johannes Trithemius: De laude scriptorum).
12. (Cassiodor) **Liber quem tripartitam historiam vocant.**
13. (Antonio Musa) **Fragmenta quae extant*.**
14. **Libellus de diversis ordinibus et professionibus qui sunt in ecclesia.**
15. **P. Corneli** Taciti libri qui supersunt.**

   * = exstant
   ** = Cornelii

B

esse, 1. Pers. Sg. Präsens : sum	sein
autem	aber
Syriacus, -a, -um	syrisch
inesse	in (etwas) sein
tabula, -ae, f.	Tafel, Gemälde
geographicus, -a, -um	geographisch
nec	und nicht, auch nicht
mutare	wechseln, ändern
cogitare	denken
exordium, -i, n.	Anfang, Einleitung
tractare	behandeln, hier: handeln
laus, laudis, f.	Lob
scriptor, -oris, m.	Schreiber, Schriftsteller
devotus, -a, -um	treu ergeben, fromm
laudare	loben
angelus, -i, m.	Engel
laetificare	erfreuen
iustus, -a, -um	gerecht

confortare	stärken
peccator, -oris, m.	Sünder
emendare	bessern, verbessern
virtus, -utis, f.	Tapferkerkeit, Kraft, Tugend
dare	geben
qui, quae, quod	der, welcher
tripartitus, -a, -um	in drei Teile geteilt, dreiteilig
vocare	rufen, nennen
exstare (extare)	(noch) vorhanden sein
libellus, -i, m.	Büchlein, kleine Schrift
diversus, -a, -um	verschieden
professio, -onis, f.	Beruf, Ordensgelübde
ecclesia, -ae, f.	Kirche
superesse	übrig sein, noch vorhanden sein

C
Verbum

Verbformen, die durch eine Person bestimmt sind, werden als Personalformen (verbum finitum) bezeichnet, Formen ohne Personenzeichen heißen Nominalformen (verbum infinitum).

Beim verbum finitum unterscheidet man Person, Zahl (Numerus), Aussageweise (Modus), Zeitstufe (Tempus) und Zustandsform (Genus verbi). Die lateinische Sprache kennt drei Personen (erste, zweite, dritte Person), zwei Numeri (Einzahl = Singular, Mehrzahl = Plural), drei Modi (Wirklichkeitsform = Indikativ, Möglichkeitsform = Konjunktiv, Befehlsform = Imperativ), sechs Zeitstufen (z.B. Gegenwart = Präsens, vollendete Gegenwart = Perfekt) und zwei Zustandsformen (Tatform = Aktiv, Leideform = Passiv).

Im Hinblick auf die Zielsetzung dieses Lehrbuchs werden von den finiten Formen vorrangig Indikativ Präsens und Indikativ Perfekt, von den infiniten Formen Infinitiv, Partizipien, Gerundium und Gerundivum behandelt. Übersichten über weitere Formen findet man im Anschluß an Lektion XX.

Für die bibliothekarische Praxis sind bei den finiten Formen vor allem die Personalendungen der dritten Person Singular und Plural wichtig, die man sich daher zunächst einprägen sollte.

Unregelmäßiges Verbum

Infinitiv Präsens: **esse**: sein

Indikativ Präsens

	Singular	
1. Person	**sum**	ich bin
2. Person	**es**	du bist
3. Person	**est**	er (sie, es) ist

	Plural	
1. Person	**sumus**	wir sind
2. Person	**estis**	ihr seid
3. Person	**sunt**	sie sind

Infinitiv Perfekt: **fuisse**: gewesen sein

	Singular	
1. Person	**fui**	ich bin gewesen
2. Person	**fuisti**	du bist gewesen
3. Person	**fuit**	er (sie, es) ist gewesen

	Plural	
1. Person	**fuimus**	wir sind gewesen
2. Person	**fuistis**	ihr seid gewesen
3. Person	**fuerunt**	sie sind gewesen

Entsprechend werden konjugiert:
  adesse: anwesend sein, helfen,
  praeesse: vorn sein, befehligen,
  superesse: übrig sein, noch vorhanden sein u.a.

  adest: er (sie, es) ist anwesend
  adfuerunt: sie sind anwesend gewesen

Im Lateinischen gibt es vier nach dem Ausgang des jeweiligen Präsensstammes benannte Konjugationen, dazu die sogenannte gemischte Konjugation.

a-Konjugation
Infinitiv Präsens Aktiv: **laudare**: loben, Präsensstamm: lauda-

Indikativ Präsens Aktiv

	Singular	
1. Person	**laudo**	ich lobe
2. Person	**laudas**	du lobst
3. Person	**laudat**	er (sie, es) lobt

	Plural	
1. Person	**laudamus**	wir loben
2. Person	**laudatis**	ihr lobt
3. Person	**laudant**	sie loben

Relativpronomen
qui, quae, quod: der, welcher

	Singular		
	m.	*f.*	*n.*
Nominativ	qui	quae	quod
Genetiv	cuius	cuius	cuius
Dativ	cui	cui	cui
Akkusativ	quem	quam	quod
Ablativ	quo	qua	quo

	Plural		
	m.	*f.*	*n.*
Nominativ	qui	quae	quae
Genetiv	quorum	quarum	quorum
Dativ	quibus	quibus	quibus
Akkusativ	quos	quas	quae
Ablativ	quibus	quibus	quibus

Relativpronomina stimmen mit dem Bezugswort in Genus und Numerus überein. Der Kasus richtet sich nach der Konstruktion des Relativsatzes:

opera quae supersunt: die Werke, die noch vorhanden sind

LEKTION VIII

A

1. (Johannes Balbi von Genua) **Summa quae vocatur Catholicon.**
2. (Vinzenz von Beauvais) **Opus praeclarum quod Speculum intitulatur.**
3. (Ezra Pound) **Quia pauper amavi** (nach Ovid).
4. **Delineavit** (Hinweis auf den Zeichner bei Werken der Druckgraphik, insbesondere bei Kupferstichen).
5. **Exempla titulorum annotavit Augustus Wolfstieg.**
6. **Pergameni reges membrana primi excogitaverunt** (Isidor von Sevilla: Etymologiae).
7. **Liber gratulatorius in honorem John Forssman ab amicis et collegis dedicatus.**
8. **Loco citato.** *
9. **Editio expurgata.**
10. **Editio tertia emendata.**
11. **J. A. Comenii Ianua linguarum reserata: cum Graeca versione Theodori Simonii.**
12. **Quaestiones disputatae.**
13. **Commentaria in Aristotelem Graeca. Versiones Latinae temporis resuscitarum litterarum.**
14. **Ianua linguarum. Studia memoriae Nicolai van Wijk dedicata.**
15. (Giambattista Vico) **De nostri temporis studiorum ratione.**
16. (John Henry Newman) **Apologia pro vita sua.**
17. **Libri sancti quasi renovatores memoriae auctorum suorum sunt** (Johannes Trithemius: De laude scriptorum).
18. **Apud Graecos Origenes in scripturarum labore tam Graecos quam Latinos operum suorum numero superavit** (Isidor von Sevilla: Etymologiae).
19. **Incerti auctoris de Constantino Magno eiusque matre Helena libellus.**
20. **Marci Vertranii Mauri libellus de vita M. Varronis deque notis ad eius libros de lingua Latina.**

* Ablativ als Ortsbestimmung ("wo?")

B

praeclarus, -a, -um	glänzend, vortrefflich, berühmt
intitulare	betiteln
quia	weil
amare	lieben
delineare	zeichnen

MONUMENTA
LINGUARUM HISPANICARUM

Herausgegeben

von

Jürgen Untermann

Band II. Die Inschriften
in iberischer Schrift aus Südfrankreich

WIESBADEN 1980
DR. LUDWIG REICHERT VERLAG

Abbildung 3

exemplum, -i, n.	Beispiel
titulus, -i, n.	Titel
annotare	anmerken, mit Anmerkungen versehen
Pergamenus, -a, -um	zu Pergamon gehörig
rex, regis, m.	König
membranum, -i, n.	Pergament
excogitare	ausdenken, ausfindig machen
gratulatorius, -a, -um	glückwünschend, Glückwunsch-
collega, -ae, m.	Kollege
dedicare	weihen, widmen
citare	zitieren
expurgare	reinigen
reserare	aufschließen
versio, -onis, f.	Fassung, Übersetzung
quaestio, -onis, f.	Frage
disputare	erörtern, disputieren, untersuchen
tempus, -oris, n.	Zeit
resuscitare	wieder erwecken
tempus resuscitatarum litterarum	hier: Renaissance (als Epoche)
noster, -tra, -trum	unser
ratio, -onis, f.	Vernunft, Methode, Denkart, Verfahren, Theorie, (wissenschaftliches) System, Beweisgrund, Beschaffenheit, Angelegenheit
apologia, -ae, f.	Verteidigung, Verteidigungsschrift
pro (mit Abl.)	vor, für, gemäß
suus, -a, -um	sein, ihr (Pl.)
renovator, -oris, m.	Erneuerer
apud (mit Akk.)	bei
Graeci, -orum, m.	Griechen
scriptura, -ae, f.	Schrift , Schriftstück
labor, oris, m.	Arbeit
tam	so
quam	wie, als (beim Komp.)
Latinus, -i, m.	Latiner
numerus, -i, m.	Zahl, Anzahl
superare	hervorragen, überragen
incertus, -a, -um	ungewiß, unsicher
magnus, -a, -um	groß
eius (Gen. von is, ea, id)	hier: Possessivpronomen der 3. Pers. Sg.
-que	und
mater, -tris, f.	Mutter

C

a-Konjugation (Fortsetzung)

Infinitiv Präsens Passiv: **laudari**: gelobt werden

Indikativ Präsens Passiv

	Singular	
1. Person	**laudor**	ich werde gelobt
2. Person	**laudaris**	du wirst gelobt
3. Person	**laudatur**	er (sie, es) wird gelobt

	Plural	
1. Person	**laudamur**	wir werden gelobt
2. Person	**laudamini**	ihr werdet gelobt
3. Person	**laudantur**	sie werden gelobt

Infinitiv Perfekt Aktiv: **laudavisse**: gelobt haben

Indikativ Perfekt Aktiv

	Singular	
1. Person	**laudavi**	ich habe gelobt
2. Person	**laudavisti**	du hast gelobt
3. Person	**laudavit**	er (sie, es) hat gelobt

	Plural	
1. Person	**laudavimus**	wir haben gelobt
2. Person	**laudavistis**	ihr habt gelobt
3. Person	**laudaverunt**	sie haben gelobt

Partizip Perfekt Passiv: **laudatus, -a, -um**: gelobt
Infinitv Perfekt Passiv: **laudatus, -a, -um esse**: gelobt worden sein

Indikativ Perfekt Passiv

	Singular	
1. Person	**laudatus, -a, -um sum**	ich bin gelobt worden
2. Person	**laudatus, -a, -um es**	du bist gelobt worden
3. Person	**laudatus, -a, -um est**	er (sie, es) ist gelobt worden

	Plural	
1. Person	**laudati, -ae, -a sumus**	wir sind gelobt worden
2. Person	**laudati, -ae, -a estis**	ihr seid gelobt worden
3. Person	**laudati, -ae, -a sunt**	sie sind gelobt worden

Beim Lernen lateinischer Verben sind folgende Formen (sogenannte Stammformen) besonders zu beachten:

1. Person Singular Indikativ Präsens Aktiv
1. Person Singular Perfekt Aktiv
Partizip Perfekt Passiv oder Supinum I
Infinitiv Präsens Aktiv

laudo, laudavi, laudatus (laudatum), laudare: loben

Das Partizip Perfekt Passiv ist nur bei transitiven Verben möglich. Das von transitiven und intransitiven Verben gebildete Supinum I wird innerhalb der Lektionen nicht eigens behandelt. (Vgl. aber den Abschnitt "Verbformen: Ergänzung" im Anschluß an Lektion XX).

Bei der Verzeichnung der Vokabeln werden Verben im folgenden unter der 1. Person Singular Indikativ Präsens Aktiv mit Angabe der Stammfomen und der jeweiligen Konjugation angeführt:

1 = a-Konjugation
2 = e-Konjugation
3 = konsonantische bzw. gemischte Konjugation
4 = i-Konjugation

Die Angabe der Stammformen entfällt bei den regelmäßigen Verben der 1. und 4. Konjugation.

Possessivpronomen

	Singular	
1. Person	**meus, -a, -um**	mein
2. Person	**tuus, -a, -um**	dein
3. Person	**suus, -a, -um**	sein (ihr, sein)
	Plural	
1. Person	**noster, -tra, -trum**	unser
2. Person	**vester, -tra, -trum**	euer
3. Person	**suus, -a, -um**	ihr

Suus, -a, -um wird nur reflexiv verwendet. Das nichtreflexive Besitzverhältnis drückt das Lateinische durch den Genetiv des Demonstrativpronomens *is, ea, id* aus (siehe Lektion XII):

epitaphium suum: seine (eigene) Grabschrift
epitaphium eius: seine (= dessen) Grabschrift

LEKTION IX

A

1. **Habes hic, candide lector, Desiderii Erasmi parabolas.**
2. **Hic libertatem deliciasque vides** (Leiden: Universitätsbibliothek).
3. **Bibliotheca docet** (Festgabe für Carl Wehmer).
4. **Continet codex evangeliarium** (Franz Ehrle und Paul Liebaert: Specimina codicum Latinorum Vaticanorum).
5. **Continet codex Vergilii opera** (Franz Ehrle und Paul Liebart: Specimina codicum Latinorum Vaticanorum).
6. **Mensis fratrum lectio deesse non debet** (Benediktinerregel).
7. **Armarium debet esse de lignea materia et habere distinctiones** (Humbertus de Romanis: Instructiones de officiis ordinis).
8. **Scriptura Gothica. Praebemus exempla saeculi XII, saeculi XIII, saeculi XIV** (Franz Ehrle und Paul Liebaert: Specimina codicum Latinorum Vaticanorum).
9. **Quod exhibemus folium 148 specimen praebet scripturae Scotticae** (Hibernicae). (Franz Ehrle und Paul Libaert: Specimina codicum Latinorum Vaticaorum).
10. **Quod exhibemus folium 66 praefationem praebet libri III** (Franz Ehrle und Paul Liebaert: Specimina codicum Latinorum Vaticanorum).
11. **Quod exhibemus folium 1 initium operis continet** (Franz Ehrle und Paul Liebaert: Specimina codicum Latinorum Vaticanorum).
12. **Habetis igitur in primo volumine antiqui saeculi magistros** (Cassiodor: Institutiones).
13. **Exhibetur columna VIII** (Joachim Kirchner: Scriptura Latina libraria).
14. **Exhibetur pagina 59** (Joachim Kirchner: Scriptura Latina libraria).
15. (Thomas Erastus) **Disputationum pars tertia in qua dilucida et solida verae medicinae assertio continetur.**
16. **Tatiani oratio ad Graecos. Recensuit Eduardus Schwartz.**
17. **Biblia sacra iuxta Vulgatam Versionem. Recensuit Robertus Weber.**
18. (Konrad Gesner) **Gesnerus redivivus auctus et emendatus.**
19. **Index librorum prohibitorum.**
20. **Danielis Heinsii poemata emendata locis infinitis* et aucta.**

> * Ablativ als Ortsbestimmung ("wo?")

B

habeo, -ui, -itum, 2	haben, halten
hic	hier
candidus, -a, -um	glänzend, rein, redlich
lector, -oris, m.	Leser

parabola, -ae, f.	Gleichnis, Parabel
libertas, -atis, f.	Freiheit
deliciae, -rum, f.	Wonne, Genuß, Vergnügen
video, vidi, visum, 2	sehen
doceo, docui, doctum, 2	lehren
contineo, -tinui, -tentum, 2	umschließen, enthalten
evangeliarium, i, n.	Evangeliar
mensa, -ae, f.	Tisch, Essen
frater, -tris, m.	Bruder
lectio, -onis, f.	das Lesen, Lesung, Lektüre
desum, defui, deesse	nicht dasein, fehlen
debeo, -ui -itum, 2	sollen, müssen, (neg.) dürfen
non	nicht
ligneus, -a, -um	hölzern
materia, -ae, f.	Materie, Stoff, Material
distinctio, -onis, f.	Unterscheidung, Unterschied
Gothicus, -a, -um	gotisch
praebeo, -ui, -itum, 2	darbieten, zeigen
exhibeo, -ui, -itum, 2	darbieten, (vor)zeigen
folium, i, n.	Blatt
specimen, -inis, n.	Probe, Muster
Scoticus (Scotticus), -a, -um	schottisch, irisch
Hibernicus, -a, -um	irisch
praefatio, -onis, f.	Vorwort, Einleitung
initium, -i, n.	Anfang, Beginn
columna, -ae, f.	Säule, Schriftspalte
igitur	also, somit
disputatio, -onis, f.	Untersuchung, Abhandlung
tertius, -a, -um	der dritte
dilucidus, -a, -um	klar, deutlich
solidus, -a, -um	gediegen, kompakt
verus, -a, -um	wahr, wirklich
assertio, -onis, f.	Aussage, Lehrmeinung, Lehre
oratio, -onis, f.	Rede, Gebet
recenseo, -sui, -sum, 2	kritisch beurteilen, durcharbeiten
sacer, -cra, -crum	heilig
iuxta (mit Akk.)	dicht neben, gemäß
vulgatus, -a, -um	allgemein verbreitet
Vulgata (Versio)	Vulgata (die seit dem 7. Jahrhundert in der katholischen Kirche allgemein gebräuchliche lateinische Bibelübersetzung)
redivivus, -a, -um	wieder lebendig geworden, auferstanden
augeo, auxi, auctum, 2	vermehren, vergrößern

prohibeo, -ui, -itum, 2   abwehren, verbieten
poema (griech.), -atis, n.   Gedicht
infinitus, -a,-um   unendlich, zahllos

C
e-Konjugation

Infinitiv Präsens Aktiv: **monere**: ermahnen, Präsensstamm: mone-

Indikativ Präsens Aktiv

	Singular	*Plural*
1. Person	**moneo**	**monemus**
2. Person	**mones**	**monetis**
3. Person	**monet**	**monent**

Infinitiv Präsens Passiv: **moneri**

Indikativ Präsens Passiv

	Singular	*Plural*
1. Person	**moneor**	**monemur**
2. Person	**moneris**	**monemini**
3. Person	**monetur**	**monentur**

Infinitiv Perfekt Aktiv: **monuisse**

Indikativ Perfekt Aktiv

	Singular	*Plural*
1. Person	**monui**	**monuimus**
2. Person	**monuisti**	**monuistis**
3. Person	**monuit**	**monuerunt**

Partizip Perfekt Passiv: **monitus, -a, -um**
Infinitiv Perfekt Passiv: **monitus, -a,- um esse**

Indikativ Perfekt Passiv

	Singular	*Plural*
1. Person	**monitus sum**	**moniti sumus**
2. Person	**monitus es**	**moniti estis**
3. Person	**monitus est**	**moniti sunt**

LEKTION X

A
1. **Significatio turris: turris fiduciae et veritatis aeternae, amoris et scientiae. Sub turri septem vitia. Nuntii falsitatis turrim occupant** (Erläuterungen zu Bildern einer Handschrift des 14. Jahrhunderts).
2. **Ars impressoria** (Entstehung und Entwicklung des Buchdrucks. Eine Festgabe für Severin Corsten zum 65. Geburtstag).
3. (Gedeon Borsa) **Clavis typographorum librariorumque Italiae 1465 - 1600.**
4. **Libellus de regionibus urbis Romae.**
5. (Georg Braun und Franz Hogenberg) **Civitates orbis terrarum.**
6. (Joachim Kirchner) **Scriptura Latina libraria a saeculo primo usque ad finem medii aevi LXXVII imaginibus illustrata.**
7. **Fontes atque pontes** (Eine Festgabe für Hellmut Brunner).
8. **Index fontium.**
9. (Georg Braun) **Urbium praecipuarum mundi theatrum quintum.**
10. **Fontes iuris gentium** (Quellen zur Geschichte des Völkerrechts).
11. (Cicero) **De finibus bonorum et malorum libri V.**
12. (Donatus) **De octo partibus orationis.**
13. (Gottfried Wilhelm Leibniz) **Marginalia in Newtoni Principia Mathematica**[*].
14. **Scrinium. Elenchus bibliographicus universalis.**
15. **Bibliotheca orientalis** (Revue internationale bibliographique et critique pour le Proche Orient et les civilisations anciennes).
16. **Libellus de solemni ac legitima administratione sacramentorum ecclesiae catholicae.**
17. **Corpus iuris civilis.**
18. **Lucani de bello civili libri X.**
19. **Corpus scriptorum Christianorum orientalium.**
20. (Nicolaus Copernicus) **De revolutionibus orbium coelestium libri VI.**
21. **Finis omnium librorum Publii Ovidii Nasonis qui extant.**
22. (Jean-Jacques Boissard) **Icones virorum illustrium.**
23. **Epistula sancti Hieronymi ad Paulinum presbyterum de omnibus divinae historiae libris.**
24. (Volcher Coiter) **Externarum et internarum principalium humani corporis partium tabulae.**
25. **Omnia Platonis opera.**

[*] auf *Principia* bezogen.

B

significatio, -onis, f.	Bezeichnung, Bedeutung
turris, -is, f.	Turm
fiducia, -ae, f.	Vertrauen
aeternus, -a, -um	ewig
amor, -oris, m.	Liebe
scientia, -ae, f.	Wissen, Wissenschaft
sub (mit Abl.)	unter ("wo?")
(mit Akk.)	unter ("wohin?")
nuntius, -i, m.	Bote
falsitas, -atis, f.	Falschheit, Irrtum
occupo, 1	einnehmen, besetzen, angreifen
ars, artis, f.	Kunst
impressorius, -a, -um	Buchdrucker-, Druck-
clavis, -is, f.	Schlüssel
typographus, -i, m.	Drucker
librarius, -i, m.	Schreiber, Buchhändler, Bibliothekar
Italia, -ae, f.	Italien
regio, -onis, f.	Gegend, Stadtbezirk
urbs, urbis, f.	Stadt, Hauptstadt
Roma, -ae, f.	Rom
civitas, -atis, f.	Bürgerschaft, Stadt, Staat
orbis, -is, m.	Kreis, Umkreis, Gebiet, (Sonnen-, Mond-)Scheibe
orbis terrarum	Erdkreis
librarius, -a, -um	zum Buch gehörig, Buch-
usque	bis ... nach, bis ... hin
finis, -is, m.	Grenze, Ziel, Ende
illustro, 1	erleuchten, anschaulich machen, erläutern
fons, fontis, m.	Quelle
pons, pontis, m.	Brücke
praecipuus, -a, -um	hervorragend, ausgezeichnet, ein besonderer
theatrum, i, n.	Schauplatz, Theater
quintus, -a, -um	der fünfte
gens, gentis, f.	Geschlecht, Volk, Pl.: Völker, Heiden
malus, -a, -um	schlecht, böse
marginalia, -ium, n.	Randbemerkungen
mathematicus, -a, -um	mathematisch
scrinium, -i, n.	Schachtel, Schrank, Archiv
universalis, -e	allgemein
medievalis, -e	mittelalterlich
orientalis, -e	orientalisch, östlich
solemnis, -e	feierlich, festlich

legitimus, -a, -um	gesetzlich, recht
administratio, -onis, f.	Handhabung, Verwaltung, hier: Spendung
sacramentum, -i, n.	Eid, Sakrament
catholicus, -a, -um	allgemein, katholisch
civilis, -e	bürgerlich
bellum, -i, n.	Krieg
bellum civile	Bürgerkrieg
revolutio, -onis, f.	Umdrehung, Umlauf, Bahn
caelestis (coelestis), -e	himmlisch, Himmels-
omnis, -e	jeder, Pl.: alle
icon (griech.), -conis, f.	Bild
vir, viri, m.	Mann
illustris, -e	glänzend, berühmt, erlaucht
presbyter, -teri, m.	Presbyter, Priester
divinus, -a, -um	göttlich
externus, -a, -um	der äußere
internus, -a, -um	der innere
principalis, -e	erster, Haupt-

C

i-Deklination: Substantiv

turris: der Turm, Stamm: turri-

	Singular	*Plural*
Nominativ	**turris**	**turres**
Genetiv	**turris**	**turrium**
Dativ	**turri**	**turribus**
Akkusativ	**turrim**	**turris (-es)**
Ablativ	**turri**	**turribus**

exemplar: das Muster, das Exemplar, Stamm: exemplari-

	Singular	*Plural*
Nominativ	**exemplar**	**exemplaria**
Genetiv	**exemplaris**	**exemplarium**
Dativ	**exemplari**	**exemplaribus**
Akkusativ	**exemplar**	**exemplaria**
Ablativ	**exemplari**	**exemplaribus**

Substantive der i- Deklination sind (mit wenigen Ausnahmen) Feminina oder Neutra.

i-Deklination: Adjektiv
universalis, universalis, universale: allgemein

	Singular		
	m.	*f.*	*n.*
Nominativ	**universalis**	**universalis**	**universale**
Genetiv	**universalis**	**universalis**	**universalis**
Dativ	**universali**	**universali**	**universali**
Akkusativ	**universalem**	**universalem**	**universale**
Ablativ	**universali**	**universali**	**universali**

	Plural		
	m.	*f.*	*n.*
Nominativ	**universales**	**universales**	**universalia**
Genetiv	**universalium**	**universalium**	**universalium**
Dativ	**universalibus**	**universalibus**	**universalibus**
Akkusativ	**universalis (-es)**	**universalis (-es)**	**universalia**
Ablativ	**universalibus**	**universalibus**	**universalibus**

Bitte beachten: Bei den Adjektiven der i-Deklination lautet die Akkusativendung der Maskulina und Feminina im Singular -em!

Gemischte Deklination: Substantiv
pars: der Teil, Stamm: parti-

	Singular	Plural
Nominativ	**pars**	**partes**
Genetiv	**partis**	**partium**
Dativ	**parti**	**partibus**
Akkusativ	**partem**	**partes**
Ablativ	**parte**	**partibus**

Substantive der gemischten Deklination bilden den Genetiv (und gelegentlich den Akkusativ) Plural nach der i-Deklination, die übrigen Formen nach der konsonantischen Deklination.

LEKTION XI

A

1. **De sacrosancta coena domini tractatus Christophori Pezelii theologiae doctoris.**
2. **Nutrimentum spiritus** (Berlin: Königliche Bibliothek).
3. **Acta conventus Neolatini Amstelodamensis.**
4. **In usum Delphini.**
5. **Lectionarium ad usum ecclesiae Florentinae.**
6. **Psalterium secundum usum fratrum praedicatorum.**
7. (John Locke) **De intellectu humano.**
8. (Innozenz III.) **De contemptu mundi sive de miseria humanae conditionis.**
9. **Luminarum atque planetarum motuum tabulae octoginta quinque.**
10. (Giovanni Boccaccio) **De casibus virorum illustrium.**
11. **Acta conciliorum oecumenicorum. Series secunda.**
12. **Res sacra non computatur.**
13. **Fides fundatur potentia litterarum, spes librorum solatio confirmatur** (Richard de Bury: Philobiblon).
14. **Scriptores rei rusticae.**
15. (Thomas von Aquin) **De articulis fidei et ecclesiae sacramentis.**
16. (Cicero) **De re publica.**
17. **Ephemerides theologicae Lovanienses. Commentarii de re theologica.**
18. (Augustinus) **Enchiridion de fide, spe et caritate.**
19. **Censorini de die natali liber.**
20. **Index rerum.**
21. (Francesco Petrarca) **Rerum vulgarium fragmenta.**
22. **Magdeburgi: Typis et sumptibus Ambrosii Kirchneri.**
23. **Francofurti ad Moenum: Impensis Sigismundi Feyerabendii.**
24. **Mosquae: Litteris Caesareae universitatis.**
25. **Venetiis: Apud Aldi filios.**

B

sacrosanctus, -a, -um	hochheilig
cena (coena), -ae, f.	Mahlzeit
cena domini	Abendmahl
tractatus,, -us, m.	Erörterung, Abhandlung
theologia, -ae, f.	Theologie
doctor, -oris, m.	Lehrer, Doktor
nutrimentum, -i, n.	Nahrung

artibus et historiae

an art anthology

IRSA

no. 31 (XVI)
vienna
1995

Abbildung 4

spiritus, -us, m.	Geist
acta, -orum, n. (Pl.)	Taten, Verordnungen, Verhandlungen, Akten
conventus, -us, m.	Versammlung, Kongreß
Neolatinus, -a, -um	neulateinisch
Amstelodamensis, -e	zu Amsterdam gehörig
usus, -us, m.	Gebrauch
Delphinus, -i, m.	Dauphin
lectionarium, -i, n.	Lektionar
secundum (mit Akk.)	gemäß, nach
intellectus, -us, m.	Erkenntnis, Verstand
contemptus, -us, m.	Geringschätzung, Verachtung
miseria, -ae, f.	Elend
lumen, -inis, n.	Licht
planeta, -ae, f.	Planet
motus, -us, m.	Bewegung
casus, -us, m.	Fall
concilium, -i, n.	Versammlung, Konzil
oecumenicus, -a, -um	ökumenisch
series, -ei, f.	Reihe
res, rei, f.	Sache
computo, 1	berechnen
fides, -ei, f.	Glaube, Vertrauen
fundo, 1	gründen, begründen
potentia, -ae, f.	Kraft, Macht
spes, spei, f.	Hoffnung
solacium (solatium), -i, n.	Trost
confirmo, 1	befestigen, stärken
rusticus, -a, -um	ländlich, Land-
res rustica	Landwirtschaft
articulus, -i, m.	Abschnitt, Punkt, Artikel
publicus, -a, -um	öffentlich
res publica	Staat
theologicus, -a, -um	theologisch
Lovaniensis, -e	zu Leuven (Louvain) gehörig
enchiridion (griech.), -ii, n.	Handbuch
caritas, -atis, f.	Liebe
dies, -ei, m.	Tag
natalis, -e	Geburts-
dies natalis	Geburtstag
vulgaris, -e	gewöhnlich, alltäglich, hier: muttersprachlich
Magdeburgum, -i, n.	Magdeburg
typus, -i, m.	Figur, gegossener Buchstabe, Letter

sumptus, -us, m. (hier: Pl.)	Aufwand, Kosten
Francofurtum, -i, n.	Frankfurt
Moenus, -i, m.	Main
impensa, -ae, f. (hier: Pl.)	Aufwand, Kosten
Mosqua, -ae, f.	Moskau
Caesareus, -a, -um	kaiserlich
universitas, -atis, f.	Gesamtheit, Universität
Venetiae, -arum , f. (Pl.)	Venedig
filius, -i, m.	Sohn

C
u-Deklination
Substantive auf -us
tractatus: die Abhandlung, Stamm: tractatu-

	Singular	*Plural*
Nominativ	tractatus	tractatus
Genetiv	tractatus	tractatuum
Dativ	tractatui	tractatibus
Akkusativ	tractatum	tractatus
Ablativ	tractatu	tractatibus

Die auf -us endenden Substantive der u-Deklination sind meist Maskulina.
Genetiv Singular, Nominativ Plural, Akkusativ Plural: letzte Silbe lang!
   Die Deklination der Neutra (Nominativendung im Singular -u) bleibt hier unberücksichtigt.

e-Deklination
series: die Reihe, Stamm: serie-

	Singular	*Plural*
Nominativ	series	series
Genetiv	seriei	serierum
Dativ	seriei	seriebus
Akkusativ	seriem	series
Ablativ	serie	seriebus

Substantive der e-Deklination sind Feminina. *Dies* in der Bedeutung "Tag" ist Maskulinum, in der Bedeutung "Termin " auch Femininum.

Genetivus obiectivus
Das Ziel einer Handlung oder Empfindung kann im Lateinischen durch den von einem
Substantiv abhängigen Genetiv bezeichnet werden:
   amor librorum: die Liebe zu den Büchern

Lokativ

Auf die Frage "wo?" steht bei Namen von Städten und kleineren Inseln der Ablativ (ablativus locativus = Lokativ):

Herbipoli: in Würzburg (Nominativ: Herbipolis)

Venetiis: in Venedig (Nominativ: Venetiae)

(Bitte beachten: für manche Ortsnamen existieren nur Pluralformen!)

Bei den Singularia der a- und o- Deklination ist der Lokativ äußerlich mit dem Genetiv identisch:

Heidelbergae: in Heidelberg (Nominativ: Heidelberga)

Tiguri: in Zürich (Nominativ: Tigurum)

LEKTION XII

A

1. **Alere flammam** (Georg Minde-Pouet zum 50.Geburtstage gewidmet).
2. **Mentem alit et excolit** (Gedenkmedaille der Wiener Hofbibliothek).
3. **Offendit Christum, qui librum subtrahit istum.**
4. **Accedunt tabulae geographicae duae.**
5. **Libri sunt qui vitia pellunt, virtutes inserunt, constantiam in tribulatione tribuunt, fructum indulti temporis producunt** (Johannes Trithemius: De laude scriptorum).
6. (Prokop von Caesarea) **Historia quae dicitur arcana.**
7. **Medicina dividitur in duas partes, id est in theoricam et practicam** (Johannitius: Einleitung zur Ars parva des Galen).
8. **Est ridiculosum rhetoricis, quando levis materia grandi describitur stilo** (Richard de Bury: Philobiblon).
9. **Evangelia et epistolae quae diebus sacris* in templis leguntur.**
10. **Hic codex continet comoedias Terentii** (Joachim Kirchner: Scriptura Latina libraria).
11. (Francesco Petrarca) **Vitae huius compendiosa descriptio.**
12. **Continentur in hoc libro rudimenta astronomica Alfagrani.**
13. **In hoc volumine continentur haec opuscula Marsilii Ficini** (danach Aufführung der Einzeltitel).
14. **Haec ille** (Johannes Trithemius: De laude scriptorum. Am Ende eines Zitats).
15. (Athanasius Kircher) **Latium, id est nova et parallela Latii tum veteris tum novi descriptio.**
16. **Iste liber est monasterii** sanctorum Alexandri et Theodori** (Besitzvermerk).
17. **Petri Lotichii Secundi elegiarum liber. Eiusdem carminum libellus.**

---

*   Ablativ als Zeitbestimmung ("wann?")

**   Genetiv zur Bezeichnung des Eigentümers oder der Eigentümlichkeit ("wessen?", "zu wem gehörig?")

Q.

HORATII

FLACCI

OPERA

PARMAE

IN AEDIBVS PALATINIS

MDCCXCIII

TYPIS BODONIANIS.

Abbildung 5 (nach Stanley Morison: The Typographic Book 1450-1935. London 1963).

18. **Non est eiusdem⃰ nummos librosque probare** (Johannes von Salisbury).
19. (Adriaan Metius) **Institutionum astronomicarum tomi tres. De novis autoris instrumentis et modo quo stellarum fixarum situs motusque solis per eadem observantur.**
20. **Epitome de generibus nominum declinationeque ipsorum.**

⃰   Genetiv zur Bezeichnung des Eigentümers oder der Eigentümlichkeit ("wessen?", "zu wem gehörig?")

B

alo, 3	nähren
flamma, -ae, f.	Flamme
mens, mentis, f.	Verstand, Geist
excolo, 3	bilden, veredeln
offendo, 3	verletzen, beleidigen
Christus, -i, m.	Christus
subtraho, 3	heimlich entziehen, entfernen
iste, -a, -ud	dieser
accedo, 3	herantreten, hinzukommen
pello, 3	schlagen, stoßen, vertreiben
insero, 3	einsäen, einpflanzen
constantia, -ae, f.	Festigkeit, Beständigkeit
tribulatio, -onis, f.	Trübsal, Not
tribuo, 3	austeilen, einteilen, gewähren
fructus, -us, m.	Frucht, Ertrag, Gewinn
indulgeo, -dulsi, -dultum, 2	nachgeben, gewähren
produco, 3	vorführen, hervorbringen
dico, 3	sagen, nennen
arcanus, -a, -um	geheim
divido, 3	trennen, teilen, einteilen
theoricus, -a, um	spekulativ, theoretisch
practicus, -a, -um	tätig, praktisch
ridiculosus, -a, -um	spaßhaft, hier: lächerlich
rhetoricus, -i, m.	Redner, Lehrbuch der Redekunst
quando	als, da, hier: wenn
levis, -e	leicht (von Gewicht), unbedeutend
describo, 3	beschreiben, darstellen
grandis, -e	groß, bedeutend
stilus, -i, m.	Griffel, Stil
evangelium, -i, n.	Evangelium
templum, -i, n.	Tempel, Kirche
lego, 3	lesen
hic, haec, hoc	dieser
comoedia, -ae, f.	Lustspiel, Komödie

compendiosus, -a, -um	abgekürzt, kurz
descriptio, -onis, f.	Schilderung, Darstellung, Beschreibung
rudimentum, -i, n.	erster Versuch, Vorschule
astronomicus, -a, -um	astronomisch
opusculum -i, n.	kleines Werk, kleine Schrift
ille, -a, -ud	jener
Latium, -i, n.	Latium
parallelus, -a, -um	parallel
tum	dann, damals
tum ... tum	einmal ... das andere Mal
idem, eadem, idem	derselbe
nummus, -i, m.	Geldstück
probo, 1	prüfen, billigen, gutheißen
institutio, -onis, f.	Unterweisung
tomus, -i, m.	Band
instrumentum, -i, n.	Gerät, Urkunde
modus, -i, m.	Maß, Art und Weise
stella, -ae, f.	Stern
fixus, -a, -um	fest, unveränderlich
stella fixa	Fixstern
situs, -us, m.	Lage, Stellung
sol, solis, m.	Sonne
per (mit Akk.)	durch, von
observo, 1	beobachten
genus, -eris, n.	Geschlecht, Gattung, Art, Gesamtheit
declinatio, -onis, f.	Abbiegung, Deklination
ipse, -a, -um	selbst

C

Konsonantische Konjugation

Infinitiv Präsens Aktiv: **regere**: leiten (vorletzte Silbe kurz!), Präsensstamm: reg-
Indikativ Präsens Aktiv

	Singular	*Plural*
1. Person	**rego**	**regimus**
2. Person	**regis**	**regitis**
3. Person	**regit**	**regunt**

Infinitiv Präsens Passiv: **regi**
Indikativ Präsens Passiv

	Singular	*Plural*
1. Person	**regor**	**regimur**
2. Person	**regeris**	**regimini**
3. Person	**regitur**	**reguntur**

Demonstrativpronomen

is, ea, id: dieser
hic, haec, hoc: dieser hier (bei mir)
iste, ista, istud: dieser da (bei dir)
ille, illa, illud: jener

	Singular m.	f.	n.	Plural m.	f.	n.
Nominativ	is	ea	id	ei	eae	ea
Genetiv	eius	eius	eius	eorum	earum	eorum
Dativ	ei	ei	ei	eis	eis	eis
Akkusativ	eum	eam	id	eos	eas	ea
Ablativ	eo	ea	eo	eis	eis	eis

	Singular m.	f.	n.	Plural m.	f.	n.
Nominativ	hic	haec	hoc	hi	hae	haec
Genetiv	huius	huius	huius	horum	harum	horum
Dativ	huic	huic	huic	his	his	his
Akkusativ	hunc	hanc	hoc	hos	has	haec
Ablativ	hoc	hac	hoc	his	his	his

	Singular m.	f.	n.	Plural m.	f.	n.
Nominativ	ille	illa	illud	illi	illae	illa
Genetiv	illius	illius	illius	illorum	illarum	illorum
Dativ	illi	illi	illi	illis	illis	illis
Akkusativ	illum	illam	illud	illos	illas	illa
Ablativ	illo	illa	illo	illis	illis	illis

Im Plural findet man statt *ei* auch *ii*, statt *eis* auch *iis*.
Wie *ille, illa, illud* wird *iste, ista, istud* dekliniert.

Determinativpronomen

idem, eadem, idem: derselbe
ipse, -a, -um: selbst

	Singular m.	f.	n.	Plural m	f.	n.
Nominativ	idem	eadem	idem	idem	eaedem	eadem
Genetiv	eiusdem	eiusdem	eiusdem	eorundem	earundem	eorundem
Dativ	eidem	eidem	eidem	eisdem	eisdem	eisdem
Akkusativ	eundem	eandem	idem	eosdem	easdem	eadem
Ablativ	eodem	eadem	eodem	eisdem	eisdem	eisdem

	Singular			*Plural*		
	m.	*f.*	*n.*	*m.*	*f.*	*n.*
Nominativ	ipse	ipsa	ipsum	ipsi	ipsae	ipsa
Genetiv	ipsius	ipsius	ipsius	ipsorum	ipsarum	ipsorum
Dativ	ipsi	ipsi	ipsi	ipsis	ipis	ipsis
Akkusativ	ipsum	ipsam	ipsum	ipsos	ipsas	ipsa
Ablativ	ipso	ipsa	ipso	ipsis	ipsis	ipsis

LEKTION XIII

A

1. **Excudit** (zur Bezeichnung des Druckers bei Büchern, des Verlegers bei Kupferstichen und Radierungen).

2. **Inscriptiones urbis Romae Latinae. Partis quartae fasciculus postremus. Additamentorum auctarium. Edidit Martinus Bang**.

3. (Johannes Brenz) **In epistolam, quam apostolus Paulus ad Romanos scripsit, commentariorum libri tres**.

4. **Indicem et quinque folia exordii huius codicis scripsit Reginbertus bibliothecarius Augiensis manu propria** (Joachim Kirchner: Scriptura Latina libraria).

5. **Aristotelis de poetica liber. Daniel Heinsius recensuit, ordini suo restituit, notas addidit**.

6. **Bibliotheca hagiographica Latina Antiquae et Mediae Aetatis. Ediderunt Socii Bollandiani**.

7. **Specimina codicum Latinorum. Collegerunt Franciscus Ehrle et Paulus Liebaert**.

8. **Inscriptiones urbis Romae Latinae. Pars septima. Indices vocabulorum. Composuerunt Eduardus Joannes Jory et Dionysius Guilielmus Moore**.

9. **Nuntii voluntatis dei scriptores sunt qui hanc nobis per litteras tradiderunt** (Johannes Trithemius: De laude scriptorum).

10. (Hermann Koller) **Orbis pictus Latinus** (Bildlexikon).

11. **Index bibliothecae publicae ordine alphabetico sine discrimine scientiarum conscriptus**.

12. (Bernardino Donato) **De Platonicae atque Aristotelicae philosophiae differentia libellus, nuper in lucem editus**.

13. **Ephemeris epigraphica edita iussu Instituti Archaeologici Romani**.

14. **In epistolam Pauli ad Galatas paraphrasis per Erasmum Roterodamum, recens ab illo conscripta et nunc primum typis excusa**.

15. **Corpus inscriptionum Latinarum. Consilio et auctoritate Academiae Litterarum Berolinensis editum**.

16. **Opus epistolarum Desiderii Erasmi Roterodami. Denuo recognitum et auctum per P. S. Allen.**

17. **Florilegium diversorum epigrammatum in septem libros distributum.**

18. (Arnobius) **Disputationum adversus gentes libri octo nunc primum in lucem editi.**

19. (Jost Amman) **Habitus praecipuorum populorum tam virorum quam feminarum singulari arte depicti.**

20. **Catalogus librorum impressorum quibus Bibliotheca Bodleiana aucta est anno 1825-38.**

21. (Karl Zangemeister und Wilhelm Wattenbach) **Exempla codicum Latinorum litteris maiusculis scriptorum.**

22. **Inscriptiones Graecae. Volumen III. Pars I. Additae sunt tabulae quinque lithographicae.**

23. (Ciriaco d'Ancona) **Inscriptiones Latinae et Graecae ex monumentis variis in Italia et extra Italiam collectae.**

24. (Thiofrid von Echternach) **Opera selecta.**

25. **Miscellanea W. J. Ganshof van der Meersch.**
    Studia ab discipulis amicisque in honorem egregii professoris edita.

B

excudo, -di,-sum, 3	prägen, verfertigen, drucken
inscriptio, -onis, f.	Inschrift
postremus, -a, -um	der letzte
additamentum, -i, n.	Anhang, Zusatz
auctarium, -i, n.	Zugabe
edo, -didi, -ditum, 3	herausgeben
apostolus, -i, m.	Apostel
Romanus, -i, m.	Römer
scribo, scripsi, scriptum, 3	schreiben
Augiensis, -e	zur Reichenau gehörig
manus, -us, f.	Hand
proprius, -a, -um	eigen
poetica, -ae, f.	Dichtkunst
restituo, -ui, -tutum, 3	wiederherstellen
addo, -didi, -ditum, 3	hinzufügen
bibliotheca, -ae, f.	Bibliothek
hagiographicus, -a, -um	hagiographisch
aetas, -atis, f.	Lebensalter, Zeitalter
Antiqua Aetas	Altertum
Media Aetas	Mittelalter
Bollandianus, -a, -um	zu (Jean) Bolland gehörig
Socii Bollandiani	Bollandisten
colligo, -legi, -lectum, 3	sammeln, zusammenstellen

vocabulum, -i, n.	Bezeichnung, Wort
compono, -posui, -positum, 3	zusammenstellen, verfassen
voluntas, -atis, f.	Wille
nos, Dat.: nobis	wir
trado, -didi, -ditum, 3	überliefern, ausliefern
pingo, pinxi, pictum, 3	zeichnen, malen
discrimen, -inis, n.	Unterschied, Unterscheidung
conscribo, -scripsi, -scriptum, 3	zusammenschreiben, aufschreiben
Platonicus, -a, -um	zu Platon gehörig, platonisch
atque	und
Aristotelicus, -a, -um	zu Aristoteles gehörig, aristotelisch
differentia, -ae, f.	Unterschied
nuper	neulich, jüngst, unlängst
lux, lucis, f.	Licht
epigraphicus, -a, -um	epigraphisch
iussu	auf Befehl, auf Geheiß
institutum, -i, n.	Anweisung, Einrichtung, Institut
archaeologicus, -a, -um	archäologisch
Galatae, -arum, m.	Galater
paraphrasis, -is, f.	Umschreibung, Kommentar
recens (Adv.)	jüngst, neuerdings
a, ab (mit Abl.)	von
nunc	jetzt
primum	zum erstenmal, zuerst
consilium, -i, n.	Rat, Plan
auctoritas, -atis, f.	Ansehen, Autorität, Bedeutung, Beschluß
academia, -ae, f.	Akademie, Universität
Berolinensis, -e	zu Berlin gehörig
denuo	von neuem, wieder
recognosco, -novi, -nitum, 3	wiedererkennen, prüfend durchsehen, revidieren
florilegium, -i, n.	Blütenlese
epigramma (griech.), -atis, n.	Inschrift, Epigramm
distribuo, -bui, -butum, 3	verteilen, einteilen
adversus (mit Akk.)	gegen
habitus, -us, m.	Aussehen, Tracht
femina, -ae, f.	Frau
singularis, -e	einzeln, außerordentlich
depingo, -pinxi, -pictum, 3	abbilden
catalogus, -i, m.	Verzeichnis, Katalog
imprimo, -pressi, -pressum, 3	drucken
Bodleianus, -a, -um	zu (Thomas) Bodley gehörig
maiusculus, -a, -um	etwas größer
(littera) maiuscula	Großbuchstabe

lithographicus, -a, -um	lithographisch
tabula lithographica	Lithographie
varius, -a, -um	verschieden, mannigfaltig
extra (mit Akk.)	außerhalb
seligo, -legi, -lectum, 3	auswählen
discipulus, -i, m.	Schüler
egregius, -a, -um	hervorragend
professor, -oris, m.	Professor

C
Konsonantische Konjugation (Fortsetzung)
Infinitiv Perfekt Aktiv: **rexisse**
Indikativ Perfekt Aktiv

	Singular	*Plural*
1. Person	**rexi**	**reximus**
2. Person	**rexisti**	**rexistis**
3. Person	**rexit**	**rexerunt**

Partizip Perfekt Passiv: **rectus, -a, -um**
Infinitiv Perfekt Passiv: **rectus, -a, -um esse**

Indikativ Perfekt Passiv

	Singular	*Plural*
1. Person	**rectus sum**	**recti sumus**
2. Person	**rectus es**	**recti estis**
3. Person	**rectus est**	**recti sunt**

LEKTION XIV

A
1. **Scire litteras** (Festschrift für Bernhard Bischoff).
2. **In libris mortuos quasi vivos invenio** (Richard de Bury: Philobiblon).
3. **Amor librorum nos unit** (Wahlspruch der Internationalen Liga der Antiquariatsbuchhändler).
4. **Johannis Gerson cancellarii Parisiensis de contemptu mundi libri quattuor una cum tractatu de meditatione cordis finiunt.**
5. **Sacris erudiri** (Jaarboek voor godsdienstwetenschappen).
6. (Athanasius) **Opera quae reperiuntur omnia, in duos tomos tributa.**
7. **Incipit liber beati Augustini episcopi de disciplina Christiana.**
8. **Explicit liber secundus. Incipit liber tertius.**
9. **Explicit prologus. Incipiunt capitula.**
10. (Henry Vaughan) **Silex scintillans.**

THESAVRVS
LINGVAE LATINAE

EDITVS IVSSV ET AVCTORITATE
CONSILII AB ACADEMIIS SOCIETATIBVSQVE
DIVERSARVM NATIONVM ELECTI

VOLVMEN IX

PARS ALTERA

O

MCMLXVIII – MCMLXXXI

LIPSIAE IN AEDIBVS B. G. TEVBNERI

Abbildung 6

11. (Johan Huizinga) **Homo ludens** (Vom Ursprung der Kultur im Spiel).
12. (John Gower) **Confessio amantis**.
13. **Ius pontificium seu ephemerides Romanae ad canonicas disciplinas spectantes.**
14   **Omnia opera Desiderii Erasmi. Septimus tomus paraphrases in universum Novum Testamentum continens.**
15. **Miscellanea neotestamentica. Studia ad Novum Testamentum praesertim pertinentia.**
16. **Miscellanea in honorem Caroli Balić septuagesimum diem natalem agentis.**
17. (Porphyrius) **Sententiae ad intelligibilia ducentes.**
18. (Pausanias) **Commentarii Graeciam describentes.**
19. **Infra sedes scribentium, supra bibliotheca** (Klosterplan St. Gallen).
20. (Thomas von Aquin) **Tractatus de periculis circa sacramentum eucharistiae contingentibus.**

B

scio, scivi, scitum 4	wissen, (sich auf etwas) verstehen
mortuus, -a, -um	tot
vivus, -a, -um	lebend, lebendig
invenio, 4	finden, entdecken, erfinden
unio, 4	vereinigen
cancellarius, -i, m.	Kanzler
Parisiensis, -e	zu Paris gehörig
una (Adv.)	zusammen
cor, cordis, n.	Herz
finio, 4	beenden, enden, aufhören
erudio, 4	unterrichten, bilden
reperio, 4	auffinden
tribuo, -ui, -utum, 3	einteilen
incipit (liber)	(das Buch) beginnt = hier beginnt (das Buch)
beatus, -a, -um	glücklich, selig, verewigt
episcopus, -i, m.	Bischof
disciplina, -ae, f.	Unterweisung,Erziehung, Lebensweise, (wissenschaftliches) Fach, Ordnung
explicit (liber)	(das Buch) ist zu Ende = hier endet (das Buch)
prologus, -i, m.	Vorrede, Prolog
capitulum, -i, n.	Abschnitt, Kapitel
silex, -icis, m.	Kiesel
scintillo, 1	Funken sprühen, funkeln
ludo, -si, -sum, 3	spielen
confessio, -onis, f.	Geständnis, Bekenntnis, Beichte
pontificius, -a, -um	päpstlich, bischöflich
specto, 1	schauen, sich beziehen

septimus, -a, -um	der siebente
universus, -a, -um	gesamt, ganz
neotestamenticus, -a, -um	neutestamentlich
praesertim	besonders
pertineo, -tinui, -, 2	sich erstrecken, sich beziehen
septuagesimus, -a, -um	der siebzigste
ago, egi, actum, 3	betreiben, veranstalten, handeln, hier: feiern
intellegibilis (intelligibilis), -e	verständlich, denkbar
duco, duxi, ductum, 3	führen
Graecia, -ae, f.	Griechenland
infra	unten, unterhalb
sedes, -is, f.	Sitz, Stuhl
supra	oben, oberhalb
periculum, -i, n.	Gefahr, Wagnis
circa (mit Akk.)	um, in bezug auf
eucharistia, -ae, f.	Abendmahl, Eucharistie
contingo, -tigi, -tactum, 3	betreffen, zutreffen, eintreten

C

i-Konjugation
Inifinitiv Präsens Aktiv: **audire**: hören, Präsensstamm: audi-
Indikativ Präsens Aktiv

	Singular	Plural
1. Person	**audio**	**audimus**
2. Person	**audis**	**auditis**
3. Person	**audit**	**audiunt**

Infinitiv Präsens Passiv: **audiri**
Indikativ Präsens Passiv

	Singular	Plural
1. Person	**audior**	**audimur**
2. Person	**audiris**	**audimini**
3. Person	**auditur**	**audiuntur**

Gemischte Konjugation
Infinitiv Präsens Aktiv: **capere**: ergreifen, Präsensstamm: capi-
Indikativ Präsens Aktiv

	Singular	Plural
1. Person	**capio**	**capimus**
2. Person	**capis**	**capitis**
3. Person	**capit**	**capiunt**

Infinitiv Präsens Passiv: **capi**
Indikativ Präsens Passiv

	Singular	*Plural*
1. Person	**capior**	**capimur**
2. Person	**caperis**	**capimini**
3. Person	**capitur**	**capiuntur**

Partizip Präsens Aktiv

Das Partizip Präsens Aktiv richtet sich im Singular nach der konsonantischen, im Plural nach der gemischten Deklination (vgl. Lektion V und X).

Beispiel: laudans: lobend

Singular

	m.	*f.*	*n.*
Nominativ	**laudans**	**laudans**	**laudans**
Genetiv	**laudantis**	**laudantis**	**laudantis**
Dativ	**laudanti**	**laudanti**	**laudanti**
Akkusativ	**laudantem**	**laudantem**	**laudans**
Ablativ	**laudante**	**laudante**	**laudante**

Plural

	m.	*f.*	*n.*
Nominativ	**laudantes**	**laudantes**	**laudantia**
Genetiv	**laudantium**	**laudantium**	**laudantium**
Dativ	**laudantibus**	**laudantibus**	**laudantibus**
Akkusativ	**laudantes**	**laudantes**	**laudantia**
Ablativ	**laudantibus**	**laudantibus**	**laudantibus**

Entsprechend werden dekliniert: monens, regens, audiens, capiens
Zu Adjektiven sind geworden:
   diligens: sorgfältig
   sapiens: weise u.a.

LEKTION XV

A

1. (Fronto) **Opera inedita. Invenit et commmentario praevio notisque illustravit Angelus Mai.**
2. **Acta Eruditorum.**
3. (Georg Wolfgang Panzer) **Annales typographici ab artis inventae origine ad annum MD.**
4. (Ludwig Hain) **Repertorium bibliographicum, in quo libri omnes ab arte typographica inventa usque ad annum MD typis expressi recensentur.**
5. **Versus reperti Romae in quodam codice antiquo.**
6. (Christoph Kolumbus) **Epistola de insulis nuper inventis.**
7. **Comicorum Graecorum fragmenta in papyris reperta.**
8. **Iudicium sedit et libri aperti sunt** (Vulgata: Daniel 7,10).
9. (Wolfgang Musculus) **Loci communes. Adiectus est etiam rerum et verborum memorabilium index.**
10. **Imprimi potest.**
11. **Euthymii Zigabeni opera quae reperiri potuerunt omnia.**
12. **Exhibetur fragmentum cuiusdam libri, in quo de bellis Macedonicis tractatur** (Joachim Kirchner: Scriptura Latina libraria).
13. (Arsacius Seehofer) **Enarrationes evangeliorum dominicalium. Adiecti sunt his et loci quidam theologici.**
14. (Euripides) **Tragoediae quaedam.**
15. **Privatae cuiusvis bibliothecae duratio paene momentanea est. Stant illae plerumque et cadunt cum suis collectoribus** (Hermann Conring).

B

ineditus, -a, -um	noch nicht herausgegeben, unveröffentlicht
praevius, -a, -um	vorausgehend
annales, -ium, m.	Jahrbücher, Annalen
typographicus, -a, -um	zur Druckkunst gehörig, Druck-
origo, -inis, f.	Ursprung
exprimo, -pressi, -pressum, 3	ausdrücken, abdrücken, gestalten, hier: drucken
versus, -us, m.	Zeile, Vers
quidam, quaedam, quoddam	ein gewisser
insula, -ae, f.	Insel
comicus, -i, m.	Komödiendichter
papyrus, -i, m.	Papyrusstaude, Papyrus (= der aus der Papyrusstaude hergestellte Beschreibstoff)
iudicium, -i, n.	gerichtliche Untersuchung, Gerichtshof, Urteil
sido, sedi, sessum, 3	sich setzen

aperio, -rui, -rtum, 4	öffnen
communis, -e	gemeinsam, allgemein
locus communis	Gemeinplatz
adicio, -ieci, -iectum, 3	hinzufügen
etiam	auch, ferner
memorabilis, -e	denkwürdig, erwähnenswert
possum, potui, posse	können
Macedonicus, -a, -um	makedonisch
enarratio, -onis, f.	Aufzählung, Interpretation
dominicalis, -e	sonntäglich
tragoedia, -ae, f.	Trauerspiel, Tragödie
privatus, -a, -um	persönlich, Privat-
quivis, quaevis, quodvis	jeder beliebige
duratio, -onis, f.	Dauer
paene	fast, beinahe
momentaneus, -a, -um	augenblicklich, momentan
sto, steti, statum, 1	stehen
plerumque	meistens
cado, cecidi, -, 3	fallen
collector, -oris, m.	Einsammler, hier: Sammler

C

i-Konjugation (Fortsetzung)

Infinitiv Perfekt Aktiv: **audivisse**

Indikativ Perfekt Aktiv

	Singular	*Plural*
1. Person	**audivi**	**audivimus**
2. Person	**audivisti**	**audivistis**
3. Person	**audivit**	**audiverunt**

Partizip Perfekt Passiv: **auditus, -a, -um**

Infinitiv Perfekt Passiv: **auditus, -a, -um esse**

Indikativ Perfekt Passiv

	Singular	*Plural*
1. Person	**auditus sum**	**auditi sumus**
2. Person	**auditus es**	**auditi estis**
3. Person	**auditus est**	**auditi sunt**

Gemischte Konjugation (Fortsetzung)
Infinitiv Perfekt Aktiv: cepisse
Indikativ Perfekt Aktiv

	Singular	*Plural*
1. Person	cepi	cepimus
2. Person	cepisti	cepistis
3. Person	cepit	ceperunt

Partizip Perfekt Passiv: captus, -a, -um
Infinitiv Perfekt Passiv: captus, -a, -um esse
Indikativ Perfekt Passiv

	Singular	*Plural*
1. Person	captus sum	capti sumus
2. Person	captus es	capti estis
3. Person	captus est	capti sunt

Unregelmäßiges Verbum
Infinitiv Präsens: posse: können
Indikativ Präsens

	Singular	*Plural*
1. Person	possum	possumus
2. Person	potes	potestis
3. Person	potest	possunt

Infinitiv Perfekt: potuisse
Indikativ Perfekt

	Singular	*Plural*
1. Person	potui	potuimus
2. Person	potuisti	potuistis
3. Person	potuit	potuerunt

Indefinitpronomen (adjektivisch)
quidam, quaedam, quoddam: ein gewisser

	Singular		
	m.	*f.*	*n.*
Nominativ	quidam	quaedam	quoddam
Genetiv	cuiusdam	cuiusdam	cuiusdam
Dativ	cuidam	cuidam	cuidam
Akkusativ	quendam	quandam	quoddam
Ablativ	quodam	quadam	quodam

	Plural		
	m.	*f.*	*n.*
Nominativ	quidam	quaedam	quaedam
Genetiv	quorundam	quarundam	quorundam
Dativ	quibusdam	quibusdam	quibusdam
Akkusativ	quosdam	quasdam	quaedam
Ablativ	quibusdam	quibusdam	quibusdam

Entsprechend *quivis, quaevis, quodvis*: jeder beliebige

LEKTION XVI

A

1. **Ludus scribendi** (Das kalligraphische Werk und die Pressendrucke von Hans Joachim Burgert).
2. (Francesco Sacchini) **De ratione libros cum profectu legendi libellus.**
3. (Albertus Magnus) **De arte intelligendi, docendi et praedicandi.**
4. **Quinque sunt claves sapientiae: industria legendi, assiduitas interrogandi, memoria retinendi, honor magistri, contemptus divitiarum** (Vermerk in einer Handschrift des 12. Jahrhunderts).
5. (Antonio Mancinelli) **Scribendi orandique modus.**
6. (Athanasius Kircher) **Ars magna sciendi.**
7. **Quaerendo** (A Quarterly Journal from the Low Countries Devoted to Manuscripts and Printed Books).
8. **Liber ad honorandum Antonium Notter.**
9. **Miscellanea biblica edita a Pontificio Instituto Biblico ad celebrandum annum XXV ex quo conditum est institutum.**
10. **Statuta ad facultatem medicinae regendam.**
11. (Plutarch) **De cohibenda ira.**
12. **Demetrii Cydonii de contemnenda morte.**
13. (Walter Map) **Dissuasio Valerii ad Rufinum de non ducenda uxore.**
14. (Plutarch) **De capienda ex inimicis utilitate.**
15. (Rudolf Agricola) **De formando studio.**
16. **De instituendis scriptoribus et otio vitando** (Johannes Trithemius: De laude scriptorum).
17. **Decretum Gelasianum de libris recipiendis et non recipiendis.**
18. (Giorgio Valla) **De expetendis et fugiendis rebus opus.**
19. **Addenda ad partes primam et secundam.**
20. **Addenda et corrigenda.**

FONTES
IURIS GERMANICI ANTIQUI

IN USUM SCHOLARUM

EX
MONUMENTIS GERMANIAE HISTORICIS

SEPARATIM EDITI

XI
BULLA AUREA KAROLI IV.
IMPERATORIS ANNO MCCCLVI
PROMULGATA

VIMARIAE

APUD HERMANN BOEHLAU SUCCESSORES

MCMLXXII

Abbildung 7

B

ludus, -i, m.	Spiel
profectus, -us, m.	Erfolg
intellego (intelligo), -lexi, -lectum, 3	erkennen, verstehen
praedico, 1	preisen, predigen
industria, -ae, f.	Betriebsamkeit, Fleiß
assiduitas, -atis, f.	Ausdauer, Beharrlichkeit
interrogo, 1	fragen
retineo, -tinui, -tentum, 2	festhalten, bewahren
divitiae, -arum, f.	Reichtum
oro, 1	reden, sprechen, bitten, beten
quaero, -sivi, -situm, 3	suchen, fragen, wissenschaftlich untersuchen
honoro, 1	ehren
biblicus, -a, -um	biblisch
celebro, 1	feiern
condo, -didi, -ditum, 3	gründen, begründen
statutum, -i, n.	Bestimmung, Statut
facultas, -atis, f.	Fähigkeit, Fakultät
rego, rexi, rectum, 3	lenken, leiten, geraderichten
cohibeo, -ui, -itum, 2	fernhalten, bändigen
ira, -ae, f.	Zorn
contemno, -tempsi, -temptum, 3	verachten
mors, mortis, f.	Tod
dissuasio, -onis, f.	Abraten, Gegenrede
uxor, -oris, f.	Ehefrau, Gattin
uxorem ducere	zur Ehefrau nehmen, heiraten
capio, cepi, captum, 3	fassen, ergreifen, einnehmen, hier: ziehen
inimicus, -i, m.	Feind
utilitas, -atis, f.	Nutzen, Vorteil
formo, 1	formen, gestalten
instituo, -ui, -utum, 3	einrichten, errichten, anordnen, unterrichten, (aus)bilden
otium, -i, n.	Muße, Müßiggang
vito, 1	meiden
decretum, -i, n.	Beschluß, Entscheidung, Verordnung
Gelasianus, -a, -um	zu Gelasius gehörig
recipio, -cepi, -ceptum, 3	annehmen, aufnehmen, gestatten, gutheißen
expeto, -ivi, -itum, 3	erstreben
fugio, fugi, fugitum, 3	fliehen
corrigo, -rexi, -rectum, 3	zurechtweisen, berichtigen, verbessern

C
Gerundium
Der Infinitiv Präsens Aktiv kann im Lateinischen als Subjekt und als Akkusativobjekt verwendet werden. Die fehlenden Deklinationsformen werden durch das Gerundium mit den Endungen des Singulars der o-Deklination ersetzt:

a-Konjugation

(*Nominativ*	**laudare**	loben)
Genetiv	**laudandi**	des Lobens
Dativ	**laudando**	dem Loben
(*Akkusativ*	**laudandum**	das Loben)
Ablativ	**laudando**	durch das Loben

Die Formen der anderen Konjugationen werden entsprechend gebildet:
monendi, monendo, monendum, monendo
regendi, regendo, regendum, regendo
audiendi, audiendo, audiendum, audiendo
capiendi, capiendo, capiendum, capiendo

Der Akkusativ des Gerundiums ist nur nach Präpositionen möglich:
ad legendum paratus: zum Lesen bereit

Als Verbalform kann das Gerundium mit einem Objekt verbunden werden:
methodus cognoscendi historiam: Methode der Geschichtserkenntnis

Gerundivum
Als Gerundivum bezeichnet man eine passive Verbalform, die ein Erfordernis ausdrückt:
laudandus, -a, -um: einer,der (eine, die; eins, das) gelobt werden soll
Entsprechend:
monendus, -a, -um
regendus, -a, -um
audiendus, -a, -um
capiendus, -a , -um

Das Gerundivum richtet sich bei attributiver Verwendung in Numerus, Genus und Kasus nach dem Bezugswort.
   In Verbindung mit Präpositionen steht die Gerundivkonstruktion anstelle des Gerundiums mit Akkusativobjekt:
pro libris reponendis: für Bücher, die zurückgestellt werden sollen
= für das Zurückstellen der Bücher

LEKTION XVII

A

1. **Liber evangeliorum totius anni ad usum ordinis Cartusiensis.**
2. (Michael Ettmüller) **Epitome totius medicinae.**
3. (Nicolaus de Lyra) **Postilla super totam bibliam.**
4. **Inscriptiones Graecae. Editio altera.**
5. (Thomas Erastus) **Disputationum de medicina Philippi Paracelsi pars alte ra.**
6. **Bibliotheca Romanica. Series altera.**
7. (Francesco Petrarca) **De remediis utriusque fortunae.**
8. (Eltjo J. H. Schrage) **Utrumque ius** (Eine Einführung in das Studium der Quellen des mittelalterlichen gelehrten Rechts).
9. **Biblia sacra utriusque Testamenti.**
10. **H. Grotii et aliorum dissertationes de studiis instituendis.**
11. **Biblia sacra locupletibus sanctorum patrum et aliorum probatorum Sanctae Scripturae interpretum commentariis illustrata.**
12. **Albii Tibulli aliorumque carmina.**
13. **Aliis inserviendo consumor** (Bibliothekarischer Leitspruch).
14. **Catalogi codicum manuscriptorum Bibliothecae Bodleianae pars nona adiecto indice nominum et rerum.**
15. **Sum de bibliotheca, quam Heidelberga capta spolium fecit Maximilianus Utriusque Bavariae Dux** (Exlibris: Bibliotheca Palatina).
16. **Synopsis quattuor evangeliorum locis parallelis evangeliorum apocryphorum et patrum adhibitis.**
17. **Inscriptiones Italiae et Siciliae additis Graecis Galliae, Hispaniae, Britanniae, Germaniae inscriptionibus.**
18. **Gesta Federici I. imperatoris in Lombardia auctore cive Mediolanensi.**
19. **Cnutonis regis gesta sive encomium Emmae reginae auctore monacho Sancti Bertini.**
20. **Vita sancti Benedicti abbatis, monachorum in occidente patriarchae et legislatoris, auctore sancto Gregorio Magno papa.**

B

totus, -a, -um	ganz
Cartusiensis, -e	zur Kartause gehörig
ordo Cartusiensis	Kartäuserorden
postilla, -ae, f.	Kommentar (zu Bibeltexten), Postille
alter, -era, -erum	der eine, der andere (von beiden), der zweite (von zweien)
Romanicus, -a, -um	romanisch

SUBSIDIA HAGIOGRAPHICA, n° 70

BIBLIOTHECA HAGIOGRAPHICA LATINA

ANTIQUAE ET MEDIAE AETATIS

NOVUM SUPPLEMENTUM

EDIDIT

Henricus FROS

B 1040 BRUXELLES
BOULEVARD SAINT-MICHEL, 24
1986

Abbildung 8

uterque, utraque, utrumque	jeder (von beiden), beide
fortuna, -ae, f.	Schicksal, Glück
alius, -a, -ud	ein anderer
dissertatio, -onis, f.	Erörterung
locuples, Gen.: -etis	reich, reichlich
pater, -tris, m.	Vater
probatus, -a, -um	erprobt, bewährt
interpres, -pretis, m.	Vermittler, Übersetzer, Ausleger
carmen, -inis, n.	Lied, Gedicht
inservio, 4	dienen
consumo, -sumpsi, -sumptum, 3	aufbrauchen, aufreiben
manuscriptus, -a, -um	handschriftlich
codex manuscriptus	Handschrift
Heidelberga, -ae, f.	Heidelberg
spolium, -i, n.	Beute
facio, feci, factum, 3	tun, machen
Bavaria, -ae, f.	Bayern
dux, ducis, m.	Führer, Herzog
synopsis, -is, f.	Entwurf, Verzeichnis, Synopse (parallele Druckanordnung verwandter Texte)
apocryphus, -a, -um	untergeschoben, unecht, apokryph
adhibeo, -ui, -itum, 2	hinzunehmen, hinzuziehen
Sicilia, -ae, f.	Sizilien
Gallia, -ae, f.	Gallien, Frankreich
Hispania, -ae, f.	Spanien
Britannia, -ae, f.	Britannien, England mit Schottland
gero, gessi, gestum, 3	tragen, ausführen
gesta, -orum, n.	Taten, Kriegstaten
imperator, -oris, m.	Feldherr, Herrscher, Kaiser
Lombardia, -ae, f.	Lombardei
civis, -is, m.	Bürger
Mediolanensis, -e	zu Mailand gehörig
encomium, -i, n.	Lobrede, Loblied
regina, -ae, f.	Königin
monachus, -i, m.	Mönch
Sanctus Bertinus, -i -i, m.	hier: Saint-Bertin (Kloster in Frankreich)
abbas, -atis, m.	Abt
occidens, -entis, m.	Westen, Abendland
patriarcha, -ae, m.	Erzvater, Patriarch
legislator, -oris, m.	Gesetzgeber
papa, -ae, m.	Papst

C
Pronominaladjektiv
totus, -a, -um: ganz

	m.	*f.*	*n.*
Nominativ	totus	tota	totum
Genetiv	totius	totius	totius
Dativ	toti	toti	toti
Akkusativ	totum	totam	totum
Ablativ	toto	tota	toto

Entsprechend werden u.a. dekliniert:

    alter, -era, -erum: der eine, der andere (von beiden), der zweite (von zweien)
    nullus, -a, -um: keiner
    solus, -a, -um: allein
    alius, alia, aliud (Gen.: ersetzt durch alterius): ein anderer
    uterque, utraque, utrumque (Gen.: utriusque): jeder (von beiden), beide.

Ablativus absolutus
Ein näherer Umstand der Haupthandlung kann im Lateinischen durch einen von der Satzkonstruktion "abgelösten" Ablativ mit Partizip ausgedrückt werden (ablativus absolutus):

    ... regnante Clemente XI.   ... während Clemens XI. herrscht.
    Finito libro sit* laus gloria Christo.   Nachdem das Buch vollendet worden
                                       ist, sei Christus Lob (und) Ehre.

    * 3. Pers. Sg. Konj. Präsens

Anstelle des Partizips steht bei Gleichzeitigkeit häufig ein Substantiv oder Adjektiv:

    autore Desiderio Erasmo   (wobei) Desiderius Erasmus der Ver-
                                       fasser (ist).

Aus dieser Konstruktion lassen sich die Seitenbezeichnungen bei Handschriften und alten Drucken erklären:

    recto (Abkürzung: r): Vorderseite.
        Abzuleiten von *recto folio*: "bei richtig gehaltenem Blatt."
    verso (Abkürzung v): Rückseite.
        Abzuleiten von *verso folio*: "bei umgewendetem Blatt."

LEKTION XVIII

A

1. (François Joseph Terrasse Desbillons) **Poetae Latini recentiores.**
2. (Elias Avery Lowe) **Codices Latini antiquiores.**
3. (Jacob Sandrart) **Totius fluminis Rheni novissima descriptio.**
4. **Inscriptiones Latinae antiquissimi.**
5. **Celeberrimus ac famosissimus sententiarum liber magistri Petri Lombardi.**
6. (Johannes Trithemius) **De laude scriptorum pulcherrimus tractatus.**
7. **Explicit utillissima confessionis summula a fratre Antonino archiepiscopo Florentino edita.**
8. **Francisci Sacchini libros cum profectu legendi ratio. Accedit facillima bibliothecas in ordinem redigendi methodus.**
9. **Optimus Germaniae litteratae thesaurus** (Bezeichnung der Heidelberger Bibliotheca Palatina).
10. **Optimum a mutis et mortuis consilium est** (Herzog August Bibliothek Wolfenbüttel).
11. (Donatus) **Ars maior.**
12. **Bibliotheca scriptorum Graecorum et Romanorum Teubneriana. Editiones maiores.**
13. **Biblia sacra vulgatae editionis iussu Sixti V. Pontificis Maximi recognita.**
14. **Mediae Latinitatis lexicon minus. Composuit J. F. Niermeyer. Perficiendum curavit C. van de Kieft.**
15. (Tacitus) **Opera minora.**
16. **Disputationes anatomicae et psychologicae recens editae et plurimis in locis locupletatae, figuris etiam variis et novis illustratae, additis humani corporis affectibus praecipuis, cum indice rerum, autore Tobia Knoblochio.**
17. **Glossarium mediae et infimae Latinitatis. Conditum a Carolo Du Fresne Domino Du Cange. Editio nova aucta pluribus verbis aliorum scriptorum.**
18. (Tobias Conrad Lotter) **Superioris atque inferioris Alsatiae tabula.**
19. (Janus Gruterus) **Deliciae poetarum Germanorum huius superiorisque aevi illustrium.**
20. **Sigla libri prioris.**
21. (Hans Walther) **Initia carminum ac versuum Medii Aevi posterioris Latinorum.**
22. **Amorem librorum amorem sapientiae constat esse** (Richard de Bury: Philobiblon).
23. **Qui nescit scribere, putat hoc esse nullum laborem** (Mittelalterlicher Schreibervermerk)

RAIMVNDI LVLLI
OPERA LATINA

128

ARS GENERALIS VLTIMA
LVGDVNI ANNO MCCCV INCEPTA
PISIS ANNO MCCCVIII AD FINEM PERDVCTA

EDIDIT

ALOISIUS MADRE

TVRNHOLTI

TYPOGRAPHI BREPOLS EDITORES PONTIFICII

M C M L X X X V I

Abbildung 9

24. **Apud Graecos bibliothecam primus instituisse Pisistratus creditur** (Isidor von Sevilla: Etymologiae).

25. **Hic codex Augusteus appellatus in Italia scriptus videtur esse** (Joachim Kirchner: Scriptura Latina libraria).

B

recens, Gen.: -entis	neu, modern
flumen, -inis, n.	Fluß, Strom
Rhenus, -i, m.	Rhein
celeber, -bris, -bre	gefeiert, berühmt
famosus, -a, -um	berühmt
pulcher, -chra, -chrum	schön
utilis, -e	nützlich
summula, -ae, f.	kleine Summe, knappe Zusammenfassung, kurzer Abriß
facilis, -e	leicht (zu tun)
redigo, -egi, -actum, 3	(in einen Zustand) bringen
methodus, -i, f.	Methode
optimus, -a, -um	der beste
litteratus, -a, -um	gelehrt, gebildet
mutus, -a, -um	stumm
maior, -ius	größer
Teubnerianus, -a, -um	zu(m Verlag) Teubner gehörig
pontifex, -icis, m.	Oberpriester, Priester
maximus, -a, -um	der größte, der höchste
Pontifex Maximus	Oberster Priester, Papst
Latinitas, -atis, f.	(gute) lateinische Sprache, Latinität
minor, -us	kleiner
perficio, -feci, -fectum, 3	vollenden
anatomicus, -a, -um	anatomisch
psychologicus, -a, -um	psychologisch
plurimi, -ae, -a	die meisten, sehr viele
locupleto, 1	bereichern, reichlich ausstatten
affectus, -us, m.	Zustand
glossarium, -i, n.	erklärendes Wörterbuch, Glossar
infimus, -a, -um	der unterste, der letzte
plures, -a	mehr (Adj.)
superior, -ius	der obere, der frühere
inferior, -ius	der untere, der spätere
Alsatia, -ae, f.	Elsaß
Germanus, -a, -um	germanisch, deutsch
sigla, -orum, n.	Abkürzungen, Abkürzungszeichen (Pl.)
prior, -us	der vordere, der frühere, der erste (von zweien)

posterior, -ius	der hintere, der spätere, der zweite (von zweien)
consto, -stiti, -, 1	fortbestehen, richtig sein
constat	es steht fest
nescio, 4	nicht wissen, nicht können
puto, 1	meinen, glauben
nullus, -a, -um	keiner
credo, -didi, -ditum, 3	glauben, vertrauen
Augusteus, -a, -um	zu Augustus gehörig, augusteisch
appello, 1	nennen

C
Steigerung des Adjektivs.
Steigerungsformen: Grundform (Positiv), Vergleichsform (Komparativ), Höchstform (Superlativ). Der Superlativ kann neben der Höchstform auch einen sehr hohen Grad bezeichnen (Elativ).

longus, -a, -um: lang

	m.	*f.*	*n.*	
Positiv	**longus**	**longa**	**longum**	lang
Komparativ	**longior**	**longior**	**longius**	länger
Superlativ	**longissimus**	**longissima**	**longissimum**	der längste, sehr lang

Die Deklination des Komparativs richtet sich nach der konsonantischen, die des Superlativs nach der a-/o-Deklination.
Geht der Endung -us ein Vokal voran, wird der Komparativ durch Umschreibung mit *magis* (mehr), der Superlativ durch Umschreibung mit *maxime* (am meisten) gebildet (vgl. Lektion IXX).
Ausnahme: der Endung vorangehendes qu-
    necessarius, -a, -um: notwendig
    antiquus, -a, -um: alt

necessarius	magis necessarius	maxime necessarius
aber:		
antiquus	antiquior	antiquissimus

Adjektive auf -er bilden den Superlativ auf -errimus:
pulcher, -ra, -rum: schön
pauper: arm

pulcher	pulchrior	pulcherrimus
pauper	pauperior	pauperrimus

Einige auf -ilis endende Adjektive haben im Superlativ -illimus:
facilis, -e: leicht (zu tun)

| facilis | facilior | facillimus |

Bitte beachten Sie:

Positiv	*Komparativ*	*Superlativ*
bonus, -a, -um: gut	melior, -ius	optimus, -a, -um
malus, -a, -um: schlecht	peior, -ius	pessimus, -a, -um
magnus, -a, -um: groß	maior, -ius	maximus, -a, -um
parvus, -a, -um: klein	minor, -us	minimus, -a, -um
multum: viel	plus	plurimum
multi, -ae, -a: viele	plures, -a	plurimi, -ae, -a

inferior, -ius: der untere
infimus, -a, -um : der unterste
Vgl. inferi, -orum , m.: die Unterirdischen
    infra (mit Akk.): unterhalb

superior, -ius: der obere
supremus, -a, -um: der oberste
Vgl. superi, -orum, m.: die Himmlischen
    supra (mit Akk.):   oberhalb

prior, -ius: der frühere, der erste (von zweien)
primus, -a, -um: der vorderste
Vgl. prae (mit Abl.): vor

posterior, -ius: der spätere, der zweite (von zweien)
postremus, -a, -um: der letzte
Vgl. posteri, -orum, m.: Nachkommen
    post (mit Akk): hinter

Um den Ausgangspunkt eines Vergleichs zu bezeichnen, kann statt *quam* mit dem Nominativ oder Akkusativ auch der Ablativ stehen:
    Maior est scriptoris pietas officio praedicantis
    = maior est scriptoris pietas quam officium praedicantis:
    größer ist die Frömmigkeit des Schreibers als das Amt des Predigers.

Akkusativ mit Infinitiv (accusativus cum infinitivo)

Eine im Lateinischen häufige Konstruktion ist der mit einem Verb verknüpfte "accusativus cum infinitivo" (a.c.i.):
    Vides bibliothecam crescere:
    du siehst die Bibliothek wachsen = du siehst, daß die Bibliothek wächst.

Bei der Übersetzung durch einen "daß"-Satz wird der Akkusativ zum Subjekt, der Infinitiv zum Prädikat:

> Codicem in Hassia scriptum esse verisimile est:
> es ist wahrscheinlich, daß der Kodex in Hessen geschrieben worden ist
> = wahrscheinlich ist der Kodex in Hessen geschrieben worden.

Nominativ mit Infinitiv (nominativus cum infinitivo)

Der "Nominativ mit Infinitiv" (nominativus cum infinitivo = n.c.i.) steht nach *videor* (es scheint, daß ich ...), *dicor* (man sagt, daß ich ...) und anderen Verben zum Ausdruck einer Behauptung:

> Codex Ionae exaratus esse dicitur:
> man sagt, daß der Kodex auf Iona geschrieben worden sei
> = der Kodex soll auf Iona geschrieben worden sein.

LEKTION XIX

A

1. (Hartmann Schedel) **Liber chronicarum Germanice.**
2. **Novum Testamentum Graecum Germanice illustratum.**
3. **Biblia polyglotta Hebraice, Chaldaice, Graece, Latine impressa.**
4. **Novum Testamentum Graece et Latine, studio et industria Desiderii Erasmi Roterodami accurate editum.**
5. **Novi Testamenti libri omnes, ex Roberti Stephani aliisque optimis editionibus sedulo et fideliter excusi.**
6. **Fabularum Aesopiarum libri decem diligenter emendati.**
7. (Rupert von Deutz) **Opera omnia. Nunc recens in unum corpus collecta, diligenter recognita.**
8. **Musica Nicolai Listenii denuo recognita multisque novis regulis et exemplis adaucta ac correctius quam antea edita.**
9. **Novum Testamentum omne, multo quam antehac diligentius ab Erasmo Roterodamo recognitum.**
10. **Mirabilia vel potius historia et descriptio urbis Romae.**
11. **In aedibus Aldi Manutii accuratissime.**
12. **Historia destructionis Troiae composita per iudicem Guidonem de Columna. In civitate Argentina impressa novissime.**
13. **Psalterium Graece et Latine diligentissime excusum.**
14. (Henricus Stephanus) **Dialogus de bene instituendis Graecae linguae studiis.**
15. (Francisco de Araoz) **De bene disponenda bibliotheca ad meliorem cognitionem loci et materiae qualitatisque librorum, litteratis perutile opusculum.**
16. **Vox audita perit, littera scripta manet.**

17. **Themistii philosophi orationes XIV. Harum sex posteriores novae, ceterae emendatiores prodeunt.**
18. (Jacques-Paul Migne) **Patrologiae cursus completus. Series Graeca, in qua prodeunt patres, doctores scriptoresque ecclesiae Graecae a sancto Barnaba ad Photium.**
19. (Paul Schede) **Naenia in funere illustrissimi principis Ludovici qui obiit Heidelbergae anno Christi MDXIII.**
20. (Thesaurus linguae Latinae:) **Index librorum scriptorum inscriptionum* ex quibus exempla afferuntur.**
21. **Collectanea variae doctrinae. Leoni S. Olschki bibliopolae Florentino sexagenario obtulerunt Ludwig Bertalot, Giulio Bertoni, Walter Bombe.**
22. (Theodorus Gaza) **M. Tullii Ciceronis liber de senectute in Graecum translatus.**
23. **Libellus Richardo Indreko sexagenario oblatus.**
24. **Donum natalicium Oscari von Sydow oblatum.**
25. **Miscellanea biblica et orientalia Athanasio Miller completis 70 annis oblata.**

* Aufzählung!

B

chronica (cronica), -ae, f.	Chronik
polyglottus, -a, -um	vielsprachig, mehrsprachig
accuratus, -a, -um	sorgfältig, genau
sedulo (Adv.)	aufmerksam
fidelis, -e	treu, zuverlässig, rechtgläubig
fabula, -ae, f.	Erzählung, Fabel
Aesopeus (Aesopius), -a, -um	zu Äsop gehörig, äsopisch
diligens, Gen.: -entis	sorgfältig
multi, -ae, -a	viele
adaugeo,-auxi, -auctum, 2	noch vergrößern, vermehren
correctus, -a, -um	gebessert, verbessert
antea	vorher, früher
multo	viel, bei weitem
antehac	bisher, früher
mirabilia, -ium, n.	Wunder (Pl.)
vel	oder
potis, -e	mächtig
potius	vielmehr, eher
aedes (aedis), -is, f.	Gemach, Pl.: Haus, Wohnung
destructio, -onis, f.	Zerstörung
Troia, -ae, f.	Troja
iudex, -icis, m.	Richter
Argentina civitas, -ae -atis, f.	Straßburg

Initia carminum Latinorum saeculo undecimo antiquiorum

Bibliographisches Repertorium
für die lateinische Dichtung der Antike
und des früheren Mittelalters

Bearbeitet von
DIETER SCHALLER und EWALD KÖNSGEN
unter Mitwirkung von John Tagliabue

VANDENHOECK & RUPRECHT IN GÖTTINGEN · 1977

Abbildung 10

novissime	neuerdings, jüngst
dialogus, -i, m.	(philosophisches) Gespräch, Dialog
dispono, -posui, -positum, 3	in Ordnung bringen
melior, -ius	besser
cognitio, -onis, f.	Kennenlernen, Erkennen
qualitas, -atis, f.	Beschaffenheit, Eigenschaft
litteratus, -i, m.	Gelehrter
perutilis, -e	sehr nützlich
vox, vocis, f.	Stimme, Wort, Äußerung
audio, 4	hören
pereo, -ii, -itum, -ire	verloren gehen, aufhören
maneo, mansi, mansum, 2	bleiben
sex	sechs
ceterus, -a, -um	der übrige
emendatus, -a, -um	fehlerfrei, tadellos, korrekt
prodeo, -ii, -itum, -ire	hervorgehen, erscheinen, sich zeigen
patrologia, -ae, f.	Patrologie, Patristik
cursus, -us, m.	Lauf, Verlauf, Lehrgang
completus, -a, -um	vollständig
nenia (naenia), -ae, f.	Trauerlied, Klagelied
princeps, -cipis, m.	Herrscher, Fürst
obeo, -ii, -itum, -ire	hingehen, sterben
affero, attuli, allatum, afferre	herbeibringen, anführen
doctrina, -ae, f.	Lehre, Gelehrsamkeit
sexagenarius, -a, -um	sechzigjährig
offero, obtuli, oblatum, offerre	darbringen, anbieten, darbieten
senectus, -utis, f.	Greisenalter
transfero, -tuli, -latum, -ferre	hinüberbringen, übersetzen
natalicius, -a, -um	zum Geburtstag gehörig, Geburtstags-

C

Adverb

Von Adjektiven abgeleitete Adverbien haben im Positiv die Endung -e (Adjektive der a-/o-Deklination) oder -iter (Adjektive der i-Deklination). Bei Adjektiven auf -ans und -ens endet das Adverb auf -er.

Adjektiv	*Adverb*	
accuratus, -a, -um	**accurate**	genau
fortis, -e	**fortiter**	stark
diligens	**diligenter**	sorgfältig

Für den Komparativ tritt der Komparativ des Adjektivs in der Form des Neutrums ein. Der Superlativ geht auf -e aus.

Positiv	*Komparativ*	*Superlativ*
accurate	**accuratius**	**accuratissime**
fortiter	**fortius**	**fortissime**
diligenter	**diligentius**	**diligentissime**

Zu *bonus, -a, -um* (gut) lautet das Adverb *bene* (Komparativ: *melius*, Superlativ: *optime*).

Valde (sehr) hat für den Komparativ *magis* (mehr), für den Superlativ *maxime* (am meisten).

Unregelmäßiges Verbum

Infinitiv Präsens: **ire:** gehen
Indikativ Präsens

	Singular	*Plural*
1. Person	**eo**	**imus**
2. Person	**is**	**itis**
3. Person	**it**	**eunt**

Infinitiv Perfekt: **isse**
Indikativ Perfekt

	Singular	*Plural*
1. Person	**ii**	**iimus**
2. Person	**isti**	**istis**
3. Person	**iit**	**ierunt**

Entsprechend werden konjugiert:
    exire: herausgehen
    obire: entgegengehen
    perire: zugrunde gehen
    prodire: hervorgehen, u.a.

Infinitiv Präsens: **ferre:** tragen, bringen
Indikativ Präsens Aktiv

	Singular	*Plural*
1. Person	**fero**	**ferimus**
2. Person	**fers**	**fertis**
3. Person	**fert**	**ferunt**

Infinitiv Perfekt Aktiv: **tulisse**
Indikativ Perfekt Aktiv

	Singular	*Plural*
1. Person	**tuli**	**tulimus**
2. Person	**tulisti**	**tulistis**
3. Person	**tulit**	**tulerunt**

Infinitiv Präsens Passiv:	**ferri**	
Indikativ Präsens Passiv		
	Singular	*Plural*
1. Person	**feror**	**ferimur**
2. Person	**ferris**	**ferimini**
3. Person	**fertur**	**feruntur**

Partizip Perfekt Passiv:	**latus, -a, -um**	
Infinitiv Perfekt Passiv:	**latus, -a,-um esse**	
Indikativ Perfekt Passiv		
	Singular	*Plural*
1. Person	**latus sum**	**lati sumus**
2. Person	**latus es**	**lati estis**
3. Person	**latus est**	**lati sunt**

Entsprechend:

affero, attuli, allatum, afferre: herbeibringen
offero, obtuli, oblatum, offere: darbringen
transfero, transtuli, translatum, transferre: hinüberbringen, übersetzen u.a.

LEKTION XX

A

1. **Transcriptio verborum, quae codicis descriptionem sequitur, minoribus litteris impressa est** (Joachim Kirchner: Scriptura Latina libraria).
2. **Per libros praeteritorum reminiscimur, de futuris quodammodo prophetamus, praesentia, quae labuntur et fluunt, scripturae memoria stabilimus** (Richard de Bury: Philobiblon).
3. **Sequuntur glossarium Gallicum, tabulae, indices auctorum et rerum, dissertationes** (Charles du Fresne Du Cange: Glossarium mediae et infimae Latinitatis).
4. **Mortalia vivunt semper, tacitique loquuntur** (Universitätsbibliothek Leiden).
5. **Libri vivunt, conversantur, loquuntur nobiscum, docent nos, instituunt, consolantur, resque e memoria nostra remotissimas quasi praesentes nobis exhibent et ante oculos ponent** (Bessarion).
6. **Nisus in librorum nitore** (Werner Goebel zum 65. Geburtstag).
7. **Paullatim quoque Roma suis progressibus usa / Crevit; id exemplum bibliotheca sequor** (Augsburg: Stadtbibliothek).
8. (Antonio Musa) **Fragmenta quae extant. Collegit nunc primum, praefatus est, commentarios et notulas addidit Florianus Caldani.**
9. **Conati autem sumus, quantum in nobis fuit, non tam multos quam optimos libros colligere** (Bessarion).

MARCI TULLII

CICERONIS

DE OFFICIIS,

DE AMICITIA ET DE SENECTUTE

LIBRI

ACCURATISSIME EMENDATI.

PARISIIS,

APUD ANTONIUM AUGUSTINUM RENOUARD.

M. DCC. XCVI.

Abbildung 11 (nach Stanley Morison: The Typographic Book 1450-1935. London 1963).

10. **Medici antiqui omnes, qui Latinis litteris diversorum morborum genera et remedia persecuti sunt, undique conquisiti et uno volumine comprehensi.**
11. **Libri sunt homini ratione utenti divitiis cariores** (Richard de Bury: Philobiblon).
12. **Archimedis opera nonnulla, quorum nomina in sequenti pagina leguntur.**
13. (Friedrich II.) **De arte venandi cum avibus.**
14. **Ars moriendi.**
15. **Sanctorum veneranda cohors sedet ordine longo / Divinae legis mystica dicta docens./ Hos inter residens Agapetus iure sacerdos / Codicibus pulchrum condidit arte locum./ Gratia par cunctis, sanctus labor omnibus unus,/ Dissona verba quidem, sed tamen una fides.** (Rom: Bibliothek des Klosters Clivo di Scauro).

B

transcriptio, -onis, f.	(schriftliche) Übertragung, Transkription
sequor, secutus sum, 3	folgen
praeteritus, -a, -um	vergangen, verflossen
reminiscor, -, 3	zurückdenken, sich erinnern
futurus, -a, -um	künftig, zukünftig
quodammodo	gewissermaßen
propheto, 1	weissagen, prophezeien
praesens, -entis	gegenwärtig
labor, lapsus sum, 3	sinken, entgleiten
fluo, fluxi, (fluxum), 3	fließen, strömen
stabilio, 4	befestigen, sichern
Gallicus, -a, -um	gallisch, französisch
mortalis, -e	sterblich
vivo, vixi, -, 3	leben
semper	immer
tacitus, -a, -um	schweigend, stumm
loquor, locutus sum, 3	sprechen, reden
conversor, 1	verkehren, Umgang haben
nobiscum	mit uns
nos, Akk.: nos	wir
consolor, 1	trösten
remotus, -a, -um	entfernt
ante (mit Akk.)	vor
oculus, -i, m.	Auge
pono, posui, positum, 3	setzen, stellen, legen
nitor, nisus sum , 3	sich stützen, trachten
nitor, -oris, m.	Glanz, Schimmer
paullatim (paulatim)	allmählich, nach und nach
quoque	auch

progressus, -us, m.	Fortschritt
utor, usus sum, 3 (mit Abl.)	gebrauchen, benutzen
cresco, crevi, (cretum), 3	wachsen
(praefor), 1 (nur bestimmte Formen gebräuchlich)	als Vorwort vorausschicken, hier: mit einem Vorwort versehen
notula, -ae, f.	kleines Zeichen, kurze Anmerkung
conor, 1	versuchen
quantum	wieviel, soviel
non tam ... quam	nicht sosehr ... als vielmehr
morbus, -i, m.	Krankheit
persequor, -secutus sum, 3	verfolgen, durchforschen, abhandeln
undique	von allen Seiten, in jeder Hinsicht
conquiro, -quisivi, -quisitum, 3	zusammensuchen, zusammenbringen
comprehendo, -endi, -ensum, 3	zusammenfassen, begreifen
carus, -a, -um	lieb, teuer
nonnulli, -ae, -a	einige, manche
venor, 1	jagen
avis, -is, f.	Vogel
morior, mortuus sum, 3	sterben
sanctus, -i, m.	Heiliger
veneror, 1	verehren
cohors, -tis, f.	Schar
sedeo, sedi, sessum, 2	sitzen
longus, -a, -um	lang
mysticus, -a, -um	geheimnisvoll, mystisch
dictum, -i, n.	Aussage, Ausspruch
inter (mit Akk.)	zwischen, inmitten
resideo, -sedi, -sessum, 2	sitzen, verweilen
sacerdos, -otis, m.	Priester
gratia, -ae, f.	Gunst, Dank, Gnade
par, Gen.: paris	gleich
cuncti, -ae, -a	alle zusammen
dissonus, -a, -um	verschieden
quidem	gewiß, freilich, allerdings
sed	aber, jedoch
tamen	doch, dennoch

C

Deponentien (verba deponentia)

Als Deponentien bezeichnet man Verben mit passiven Formen, aber aktiver Bedeutung (= Verben, die ihre aktiven Formen "abgelegt" haben).

Infinitiv Präsens:	**hortari**: ermahnen	
Indikativ Präsens		

	Singular	
1. Person	**hortor**	ich ermahne
2. Person	**hortaris**	du ermahnst
3. Person	**hortatur**	er (sie, es) ermahnt

	Plural	
1. Person	**hortamur**	wir ermahnen
2. Person	**hortamini**	ihr ermahnt
3. Person	**hortantur**	sie ermahnen

Partizip Perfekt:	**hortatus, -a, -um**: ermahnt habend	
Infinitiv Perfekt:	**hortatus, -a, -um esse**: ermahnt haben	
Indikativ Perfekt		

	Singular	
1. Person	**hortatus, -a, -um sum**	ich habe ermahnt
2. Person	**hortatus, -a, -um es**	du hast ermahnt
3. Person	**hortatus, -a, -um est**	er hat ermahnt

	Plural	
1. Person	**hortati, -ae, -a sumus**	wir haben ermahnt
2. Person	**hortati, -ae, -a estis**	ihr habt ermahnt
3. Person	**hortati,-ae, -a sunt**	sie haben ermahnt

Gerundium:

Genetiv	**hortandi**	des Ermahnens
Dativ	**hortando**	dem Ermahnen
Akkusativ	**hortandum**	das Ermahnen
Ablativ	**hortando**	durch das Ermahnen

Aktive Formen hat das Partizip Präsens, passive Bedeutung (!) das Gerundivum:

hortans   ermahnend
hortandus   einer, der ermahnt werden soll

IOANNIS CALVINI

IN

NOVUM TESTAMENTUM

COMMENTARII

AD EDITIONEM AMSTELODAMENSEM

ACCURATISSIME EXSCRIBI CURAVIT ET PRAEFATUS EST

A. THOLUCK.

VOL. II. HARMONIAE EVANGEL. P. II.

BEROLINI,

APUD GUSTAVUM EICHLER.

MDCCCXXXIII.

Abbildung 12

VERBFORMEN
(Ergänzung)

Die nachfolgende Übersicht berücksichtigt Verbformen, die in den Lektionen nicht behandelt wurden, deren Aufführung sich jedoch aus praktischen Gründen empfiehlt.

Konjunktiv Präsens

sim	ich sei
sis	du seist
sit	er (sie, es) sei
simus	wir seien
sitis	ihr seiet
sint	sie seien

Indikativ Imperfekt

eram	ich war
eras	du warst
erat	er (sie, es) war
eramus	wir waren
eratis	ihr wart
erant	sie waren

Futur I

ero	ich werde sein
eris	du wirst sein
erit	er (sie, es,) wird sein
erimus	wir werden sein
eritis	ihr werdet sein
erunt	sie werden sein

Konjunktiv Präsens Aktiv

laudem	ich möge loben
moneam	ich möge ermahnen
regam	ich möge leiten
audiam	ich möge hören
capiam	ich möge ergreifen

laudes	moneas	regas	audias	capias
laudet	moneat	regat	audiat	capiat
laudemus	moneamus	regamus	audiamus	capiamus
laudetis	moneatis	regatis	audiatis	capiatis
laudent	moneant	regant	audiant	capiant

Indikativ Imperfekt Aktiv

laudabam	ich lobte
monebam	ich ermahnte
regebam	ich leitete
audiebam	ich hörte
capiebam	ich ergriff

laudabas	monebas	regebas	audiebas	capiebas
laudabat	monebat	regebat	audiebat	capiebat
laudabamus	monebamus	regebamus	audiebamus	capiebamus
laudabatis	monebatis	regebatis	audiebatis	capiebatis
laudabant	monebant	regebant	audiebant	capiebant

Futur I Aktiv

laudabo	ich werde loben
monebo	ich werde ermahnen
regam	ich werde leiten
audiam	ich werde hören
capiam	ich werde ergreifen

laudabis	monebis	reges	audies	capies
laudabit	monebit	reget	audiet	capiet
laudabimus	monebimus	regemus	audiemus	capiemus
laudabitis	monebitis	regetis	audietis	capietis
laudabunt	monebunt	regent	audient	capient

Konjunktiv Präsens Passiv

lauder	ich möge gelobt werden
monear	ich möge ermahnt werden
regar	ich möge geleitet werden
audiar	ich möge gehört werden
capiar	ich möge ergriffen werden

lauderis	monearis	regaris	audiaris	capiaris
laudetur	moneatur	regatur	audiatur	capiatur
laudemur	moneamur	regamur	audiamur	capiamur
laudemini	moneamini	regamini	audiamini	capiamini
laudentur	moneantur	regantur	audiantur	capiantur

Indikativ Imperfekt Passiv

laudabar	ich wurde gelobt
monebar	ich wurde ermahnt
regebar	ich wurde geleitet
audiebar	ich wurde gehört
capiebar	ich wurde ergriffen

laudabaris	monebaris	regebaris	audiebaris	capiebaris
laudabatur	monebatur	regebatur	audiebatur	capiebatur
laudabamur	monebamur	regebamur	audiebamur	capiebamur
laudabamini	monebamini	regebamini	audiebamini	capiebamini
laudabantur	monebantur	regebantur	audiebantur	capiebantur

Futur I Passiv

laudabor	ich werde gelobt werden
monebor	ich werde ermahnt werden
regar	ich werde geleitet werden
audiar	ich werde gehört werden
capiar	ich werde ergriffen werden

laudaberis	moneberis	regeris	audieris	capieris
laudabitur	monebitur	regetur	audietur	capietur
laudabimur	monebimur	regemur	audiemur	capiemur
laudabimini	monebimini	regemini	audiemini	capiemini
laudabuntur	monebuntur	regentur	audientur	capientur

Imperativ Präsens

Singular   *Plural*

lauda	lobe	laudate	lobt
mone	ermahne	monete	ermahnt
rege	leite	regite	leitet
audi	höre	audite	hört
cape	ergreife	capite	ergreift

Supinum I

laudatum	um zu loben
monitum	um zu ermahnen
rectum	um zu leiten
auditum	um zu hören
captum	um zu ergreifen

ÜBUNGEN

1. (Lektion II und III)

(a) Deklinieren Sie:

Singular	Plural
- tomus	- fasciculi
- officina	- litterae
- privilegium	- inventaria

(b) Übersetzen Sie:
ad acta
ab ovo
de facto
ex officio
sine cura
pro forma

(c) Ergänzen Sie sinngemäß:
1. Regula ... (magister).
2. (Jakob Heerbrand) Compendium ... (theologia).
3. Matthaei Wesenbecii prolegomena* ...(iurisprudentia).
4. Excerpta e Senecae de ... (ira) et de ... (clementia) scriptis.
5. (Johannes Gobius) Scala ... (coelum).
6. (Plutarch) De ... (fatum).
7. (Plutarch) De ... (invidia) et ... (odium).
8. Catalogus ... (liber, Pl.) Petri Saxonii.
9. Armamentarium ... (littera, Pl.) (Passau: ehem. Fürstbischöfliche Bibliothek)
10. (Cicero) De ... (officium, Pl.).

* prolegomenon (griech.), Pl.: prolegomena: Vorbemerkung

2. (Lektion IV)

(a) Deklinieren Sie:

Singular	Plural
- elenchus bibliographicus	- libri liturgici
- lingua Hebraica	- notae Latinae
- psalterium aureum	- monumenta typographica

(b) Ergänzen Sie sinngemäß:
1. ... (laureus, -a, -um) corona (Studies in Honour of Edward Coleiro).
2. Liber sacramentorum ecclesiae ... (Romanus, -a, -um).
3. Miscellanea historiae ... (ecclesiasticus, -a, -um).
4. ... (vivus, -a, -um) mortuorum consilium (Thorn: Bibliothek des Gymnasiums bei der Muttergotteskirche)
5. Scripta Instituti Pontificii ... (biblicus, -a, -um).
6. (Odo Casel) De philosophorum ... (Graecus, -a, -um) silentio ... (mysticus, -a, -um).
7. Historicorum ... (Romanus, -a, -um) reliquiae.

8. Elogia ... (clarus, -a, -um) virorum.
9. Fragmenta poetarum ... (Latinus, -a, -um).
10. (Hermann Hugo) ... (pius, -a, -um) desideria.

(c) Übersetzen und erklären Sie den Titel:
Aratro corona messoria (Festgabe für Günther Pflug zum 20. April 1988).

3. (Lektion V)

(a) Deklinieren Sie:

Singular	Plural
- auctor incertus	- codices Latini
- conditio moderna	- institutiones mathematicae
- ius canonicum	- carmina historica

(b) Ergänzen Sie sinngemäß:
1. Missale ...(ordo) praedicatorum.
2. Breviarium secundum ... (ordo) Romanum.
3. Collectanea linguistica. In ... (honor) Adami Heinz.
4. Hortus ... (sanitas).
5. (René Descartes) Regulae ad ... (directio) ingenii.
6. (Augustinus) De ... (civitas) dei.
7. (Giovanni Boccaccio) De claris ... (mulier).
8. (Godefrid Bidloo) Anatomia humani ... (corpus).
9. (Ernst Wiechert) Missa sine ... (nomen).
10. (Ludwig Traube) ... (nomen) Sacra.

(c) Bestimmen Sie folgende Formen nach Kasus, Numerus und Genus (eingeklammerte Ziffern bezeichnen mehrere Möglichkeiten, wobei der Vokativ nicht berücksichtigt ist):
- commentarius
- opus (2)
- auctoribus (2)
- glossa (2)
- compendia (2)
- anno (2)
- sermo
- vitas
- facultas
- privilegium (2)
- praedicatorum

(d) Erläutern Sie das Wortspiel:
Homo liber, homo librorum.

4.   (Lektion VI, VII, VIII, IX)

(a)   Konjugieren Sie:

Indikativ Präsens Aktiv   *Indikativ Präsens Passiv*
- cogito   - vocor
- habeo   - videor

Indikativ Perfekt Aktiv   *Indikativ Perfekt Passiv*
- curavi   - amatus sum
- docui   - admonitus sum

(b)   Ergänzen Sie sinngemäß:
  1. Origenis Hexaplorum quae ... (superesse).
  2. Acta et scripta quae de controversiis ecclesiae Graecae et Latinae saeculo undecimo *... (extare).
  3. (Johannes Balbi von Genua) Summa quae Catholicon ... (appellare).
  4. Quod exhibemus folium 6, annales ... (continere) ab anno 1064 ad annum 1082 (Franz Ehrle und Paul Liebaert: Specimina codicum Latinorum Vaticanorum).
  5. Verba ... (volare), scripta ... (manere).

  * Ablativ als Zeitbestimmung ("wann?")

(c)   Erklären Sie die Zahlenangabe in dem Satz:
"Die LXX war ein jüdisches Werk und hat bei den Juden anfangs in hohem Ansehen gestanden."

5.   (Lektion X)

(a)   Deklinieren Sie:

Singular   *Plural*
- clavis poetica   - fontes narrativi
- bibliotheca universalis   - acta orientalia

(b)   Ergänzen Sie sinngemäß:
  1. (Abraham Ortelius) Theatrum ... (orbis) terrarum.
  2. Corpus ... (fons, Pl.) historiae Byzantinae.
  3. (Emanuel Swedenborg) Diarium ...(spiritualis, -e).
  4. Liber ... (Cartusiensis, -e) in Basilea donatus a ... (venerabilis, -e) magistro Johanne de Amerbach impressore ... (Basiliensis).
  5. (Dante Alighieri) De ... (vulgaris, -e) eloquentia.
  6. Incerti scriptoris Byzantini saeculi X. liber de re ...(militaris, -e).
  7. (Johannes Brenz) Catechismus pia et ... (utilis, -e) explicatione illustratus.
  8. (Francis Bacon) Scripta in ... (naturalis, -e)) et ... (universalis, -e) philosophia.
  9. (Leonhart Fuchs) De historia ... (stirps, Pl.) commentarii ... (insignis, -e).
 10. (Bonifaz VIII.) Liber sextus ... (decretalis, Pl.) cum commentario Johannis Andreae.
 11. Sancti Thomae Aquinatis opera ... (omnis, -e).
 12. (Plutarch) ... (coniugalis, -e) praecepta.
 13. Appiani historia Romana. Volumen II. Bella ... (civilis, -e).
 14. Valerii Maximi dictorum et factorum ... (memorabilis, -e) libri novem.
 15. (Johannes de Segovia) De ... (insuperabilis, -e) et suprema auctoritate ... (generalis, -e) conciliorum.

6.   (Lektion XI)

(a)   Deklinieren Sie:
    Singular   *Plural*
    - usus internationalis   - casus longi
    - augusta domus Austriaca
    - nova series   - res historicae

(b)   Ergänzen Sie sinngemäß:
1.   Tabulae in ... (usus) scholarum.
2.   (Tacitus) De origine et ... (situs) Germanorum liber.
3.   Pro ... (captus) lectoris habent sua fata libelli (Terentianus Maurus).
4.   (Johannes Kepler) Ephemerides novae ... (motus) coelestium.
5.   (Columella) De .. (res) rustica.
6.   (Plutarch) De ...(facies) in orbe lunae.
7.   Fontes ... (res) Germanicarum.

(c)   Bestimmen Sie folgende Formen nach Kasus, Numerus und Genus (eingeklammerte Ziffern bezeichnen mehrere Möglichkeiten ohne Berücksichtigung des Vokativs):
    - repertorium (2)
    - rerum
    - decretum (2)
    - decretalium
    - initium (2)
    - artium
    - libri (2)
    - monumenti
    - fidei (2)
    - fabulis (2)
    - partis

(d)   Bilden Sie den Lokativ der nachstehend aufgeführten Städtenamen:
    - Argentoratum   - Augusta Vindelicorum
    - Basilea   - Londinium
    - Maguntia   - Matritum
    - Parisii   - Turones
    - Vienna   - Vindobona
    Um welche Städte handelt es sich?

7.   (Lektion XII, XIII, XIV, XV)

(a)   Konjugieren Sie:
    Indikativ Präsens Aktiv   *Indikativ Präsens Passiv*
    - colligo   - ducor
    - aperio   - invenior

    Indikativ Perfekt Aktiv   *Indikativ Perfekt Passiv*
    - scripsi   - correctus sum
    - praecepi   - acceptus sum

NESTLE-ALAND

NOVUM
TESTAMENTUM
Graece et Latine

Textum Graecum post Eberhard Nestle et
Erwin Nestle communiter ediderunt Kurt Aland
Matthew Black   Carlo M. Martini   Bruce M.
Metzger Allen Wikgren · Textus Latinus Novae
Vulgatae Bibliorum Sacrorum Editioni debetur

utriusque textus apparatum criticum recensuerunt
et editionem novis curis elaboraverunt
Kurt Aland et Barbara Aland
una cum Instituto studiorum textus Novi Testamenti
Monasteriensi (Westphalia)

DEUTSCHE BIBELGESELLSCHAFT
STUTTGART

Abbildung 13

(b)   Bestimmen Sie folgende Formen nach Person, Numerus, Modus, Tempus und
       Genus verbi:
       - describit
       - dicunt
       - traditur
       - leguntur
       - scripsimus
       - accesserunt
       - distributum est
       - conscriptae sunt
       - invenis
       - adiecit

(c)   Erklären Sie die Herkunft folgender Wörter:
       - Informant
       - Simulant
       - Dozent
       - Präsident
       - Rezensent
       - Agent
       - Exponent
       - Regent

(d)   Deklinieren Sie:
       Singular   *Plural*
       quaevis bibliotheca   tragoediae quaedam

(e)   Übersetzen und erklären Sie den Eintrag in einem hebräischen Bibeldruck:
       "Vuilhelmus Schickard emit haec biblia (!) 4. Iulii 1620 duodecim florenis.*"

       * Ablativ zur Bezeichnung des Preises ("um wieviel?")

(f)   Ergänzen Sie sinngemäß:
  1.   Exempla titulorum annotavit vocabulariumque breviloquum ... (adicere) Augustus
       Wolfstieg bibliothecarius.
  2.   Miscellanea tragica. In honorem J. C. Kamerbeek ... (colligere) J. M. Bremer, S. L. Radt,
       C. J. Ruijgh.
  3.   L. Annaeus Seneca a M. Antonio Mureto ... (corrigere) et notis illustratus.
  4.   Inscriptiones Graecae. Consilio et auctoritate Academiae Litterarum Berolinensis ...
       (edere).
  5.   Donum natalicium Josepho Coppens septuagesimum annum ... (complere) dediderunt
       collegae et amici.
  6.   In ...(hic, haec, hoc) codice continetur secunda pars sermonum divi Augustini.
  7.   (Arthur Kracke) De vita et moribus familiae ... (quidam) Romanae (Leseheft zur
       systematischen Wiederholung der Grammatik und Vorbereitung der Lektüre).

8.   (Lektion XVI)

(a)   Bilden Sie das Gerundivum folgender Verben:
- conservare
- educare
- memorare
- docere
- legere
- scribere
- agere
- audire
- recipere
- subicere

(b)   Gerundium oder Gerundivum?
- Ars memorandi
- (Basilius) De legendis libris gentilium
- (Reinerus Reineccius) Methodus legendi cognoscendique historiam
- (Plutarch) De audiendo
- (Plutarch) De audiendis poetis

(c)   Erklären Sie die Herkunft folgender Wörter:
- Agenda
- Legende
- Memorandum
- Propaganda
- Remittende

(d)   Ergänzen Sie sinngemäß unter Verwendung des Gerundiums oder Gerundivums:
1.   (Plutarch) De liberis ... (educare).
2.   (Helius Eobanus Hessus) De ... (conservare) valetudine hominum praecepta salutaria.
3.   A ...(scribere) autem scriba nomen accepit (Isidor von Sevilla: Etymologiae).
4.   (Didacus Stella) De ... (contemnere) mundi vanitatibus libri tres.
5.   Conradis Celtis, quae Vindobonae prelo curavit ... (subicere), opuscula.

9.   (Lektion XVII und XVIII)

(a)   Deklinieren Sie (Singular):
- totus orbis Romanus
- editio altera
- utrumque ius

(b)   Lösen Sie die Abkürzungen auf und übersetzen Sie:
- Walther Messerschmid et al.
- Dr. iur. utr.
- exhibetur fol. 3 r.
- exhibetur fol. 10 v.

(c)   Ersetzen Sie die Positiv-Formen durch den Superlativ (Elativ):
- vir doctus
- index locuples

- princeps illustris
- methodus utilis
- autores vetusti
- volumina antiqua
- theologus celeber

(d)   Ergänzen Sie den Titel der Abhandlung unter Verwendung des eingeklammerten Satzes: (Heinrich Bullinger) Tractatio qua demonstratur ... (spes salusque fidelium certissima est).

10.   (Lektion XIX und XX)

(a)   Bilden Sie von folgenden Adjektiven die zugehörigen Adverbien:
- metricus,-a, -um
- perspicuus,-a, -um
- utilis, -e
- felix
- verax

(b)   Übersetzen Sie:
- veneramini
- fateor
- loqueris
- sequntur
- utimur
- mentitur

(c)   Ergänzen Sie sinngemäß:
1.   (Johannes Schütz) En bene dispositi ...(prodire) hoc ordine libri (Anfang eines Epigramms über die Wiener Hofbibliothek).
2.   Si scriptor devotus et diligens magnum in ecclesia dei fructum scribendi exhibet, ita desidiosus et negligens maxima eidem damna ... (inferre) (Johannes Trithemius: De laude scriptorum).
3.   (Pedro de Soto) Assertio catholicae fidei circa articulos confessionis nomine illustrissimi ducis Wirtenbergensis ... (offerre)* per legatos eius concilio Tridentino.
4.   Historia de ... (venerari)** compassione beatissimae virginis Mariae.
5.   Multi multa ... (loqui), stulti stulta. (Handschriftlicher Leservermerk).

   * Auf *confessio* bezogen
   ** Auf *compassio* bezogen.

AUFLÖSUNGEN

1. **(c)**
1.magistri 2.theologiae 3.iurisprudentiae 4.ira; clementia 5.coeli 6.fato 7.invidia; odio 8.librorum 9.litterarum 10.officiis.

2. **(b)**
1.laurea 2.Romanae 3.ecclesiasticae 4.vivum 5.Biblici 6.Graecorum; mystico 7.Romanorum 8.clarorum 9.Latinorum 10.pia.

3. **(b)**
1.ordinis 2.ordinem 3.honorem 4.sanitatis 5.directionem 6.civitate 7.mulieribus 8.corporis 9.nomine 10.Nomina.

4. **(b)**
1.supersunt 2.extant 3.appellatur 4.continet 5.volant; manent.

5. **(b)**
1.orbis 2.fontium 3.spirituale 4.Cartusiensis; venerabili; Basiliensi 5.vulgari 6.militari 7.utili 8.naturali; universali 9.stirpium; insignes 10.decretalium 11.omnia 12.coniugalia 13.civilia 14.memorabilium 15.insuperabili; generalium.

6. **(b)**
1.usum 2.situ 3.captu 4.motuum 5.re 6.facie 7.rerum.

7. **(e)**
1.adiecit 2.collegerunt 3.correctus 4.editae 5.complenti 6.hoc 7.cuiusdam.

8. **(d)**
1.educandis 2.conservanda 3.scribendo 4.contemnendis 5.subicienda.

10. **(c)**
1.prodeunt 2.infert 3.oblatae 4.veneranda 5.loquuntur.

ANHANG

a) Orthographische Besonderheiten

Die Schreibweise lateinischer Wörter ist – bedingt durch unterschiedliche Schreibge-
wohnheiten und Wandel der Aussprache – nicht einheitlich. Erst spät wurden u und v
sowie i und j in der heute üblichen Weise unterschieden. Abweichend von klassischem
und modernem Gebrauch finden sich in älteren Texten Vertauschungen von ae und e,
ti und ci, i und y.

1. C. Crispi Sallvstii opera omnia qvae exstant.
2. (Johannes Brenz) De personali vnione dvarum natvrarvm in Christo.
3. Omnia opera Desiderii Erasmi Roterodami. Septimvs tomvs paraphrases in
   vniversvm Novvm Testamentvm continens.
4. Rervm Britannicarvm, id est Angliae, Scotiae vicinarvmque insvlarvm ac
   regionvm scriptores vetvstiores ac praecipvi.
5. (Johannes Stöffler) Elvcidatio fabricae vsvsque astrolabii.
6. (Laurentius Michaelis) Frisiae Orientalis noua et exacta descriptio.
7. (Johannes Cuspinian) De consulibus Romanorum commentarij, ex optimis
   uetustissimisque authoribus collecti.
8. (Henning Arnisaeus) De jure majestatis libri tres. Quorum primus agit de
   majestate in genere. Secvndvs de juribus majestatis maioribus. Tertivs de juribus
   majestatis minoribus.
9. (Martinus Becanus) Manuale controversiarum: in V libros distributum, quibus
   hujus temporis controversiae breviter dilucidantur.
10. Iosephi Scaligeri opuscula diuersa Graeca et Latina.
11. Incipit liber preclarissimi religiosi fratris Iacobi de Uoragine de uitis sanctorum.
12. Omnes autem libri bonarum artium boni sunt, maxime qui ad intellectum Sacre
    Scripture conducunt. (Johannes Trithemius: De laude scriptorum)
13. Non minus scriptor docet bona scribendo quam predicator sancta predicando
    (Johannes Trithemius: De laude scriptorum).
14. Novum Testamentum Graece post vltimam aeditionem Desiderii Erasmi
    recognitum et castigatum.
15. Aristotelis de poetica liber. Accedit eiusdem de tragica constitutione liber, in quo
    praeter caetera tota de hac Aristotelis sententia dilucide explicatur.
16. Registrum librorum omnium librariarum tocius vniuersitatis.
17. (Louis de Cressolles) Vacationes autumnales sive de perfecta oratoris actione et
    pronunciatione libri III.
18. (Emanuel Swedenborg) Delitiae sapientiae de amore conjugali.

ELOGIVM, CVM EIVS

VERISSIME EXPRESSA

EFFIGIE,

PETRO PASCHALIO AVTORE.

EIVSDEM

HENRICI TVMVLVS

AVTORE EODEM.

LVTETIÆ

Parisiorum, apud Michaëlem Vascosanum.

M. D. LX.

EX PRIVILEGIO REGIS.

Abbildung 14 (nach Stanley Morison: The Typographic Book 1450-1935. London 1963).

19. (Hartmann Schedel) Liber cronicarum cum figuris et ymaginibus ab inicio mundi.
20. Incipit epistola sancti Hieronimi ad Paulinum presbiterum de omnibus divine historie libris.

b) Verfasserangaben

1. Catullus cum commentario Achillis Statii Lusitani.
2. Boethius de consolatione (philosophiae).
3. Ausonii opuscula.
4. Lamperti monachi Hersfeldensis opera.
5. Ammonii Alexandrini quae et Tatiani dicitur harmonia evangeliorum.
6. L. Annaei Senecae philosophi, Stoicorum omnium acutissimi, opera, quae exstant, omnia.
7. Jacobi Peletarii medici et mathematici commentarii tres.
8. Cassiodori orationum reliquiae.
9. Archimedis libellus de dimensione circuli.
10. Frontini de aquaeductu urbis Romae.
11. De administranda pie re publica ac subditorum erga magistratus iusta oboedientia libellus, per Johannem Brentium.
12. Annales rerum Anglicarum et Hibernicarum, regnante Elizabetha, ad annum salutis M.D.LXXXIX. Guilielmo Camdeno authore.
13. De corrupto docendae grammaticae Latinae genere et de ratione eiusdem breviter recteque tradendae libellus: Martino Cueva Carmonensi authore.
14. De cantu et musica sacra a prima ecclesiae aetate usque ad praesens tempus. Auctore Martino Gerberto.
15. Luminarium atque planetarum motuum tabulae octoginta quinque. Autoribus Joanne Blanchino, Nicolao Prugnero, Georgio Peurbachio.

c) Herausgeber- und Übersetzerangaben.

1. Miscellanea in honorem Jacobi cardinalis Violardo. Paranda edendaque curavit Zacharias Varalto.
2. Petri Lotichii Secundi Solitariensis poemata omnia recensuit, notis et praefatione instruxit Petrus Burmannus Secundus.
3. Clavis patrum apostolicorum. Catalogum vocum adiuvante Ursula Früchtel congessit contulit conscripsit Henricus Kraft.
4. Fontes Ambrosiani in lucem editi cura et studio Bibliothecae Ambrosianae.
5. Publii Terentii comoediae, ex vetustissimis libris et versuum ratione a Gabriele Faerno emendatae; opera et studio Petri Victorii editae.
6. Titi Livii Patavini historicorum Romanorum principis libri omnes superstites recogniti pridem et emendati a Iano Grutero.
7. Opera Claudiani diligenter emendata per Thadaeum Ugoletum Parmensem.

8. Theodori Tripolitae de diebus et noctibus libri duo de Vaticana bibliotheca deprompti, scholiis antiquis et figuris illustrati et nunc primum de Graeca lingua in Latinam conversi a Josepho Auria Neapolitano.

9. Max et Moritz. Facinora puerilia septem dolis fraudibusque peracta ex inventione Guilielmi Busch poetae pictorisque in sermonem Latinum conversa a versificatore sereno.

10. (Synesius von Cyrene) De somniis, Ficino interprete.

d) Drucker-, Verleger- und Buchhändlerangaben

1. Typis Voegelinianis.
2. Ex officina Joannis Oporini.
3. In aedibus Rudolfi Oldenbourg.
4. Per Hieronymum Frobenium et Nicolaum Episcopium.
5. Apud Ludovicum Elzevirium.
6. Apud Braun et Schneider bibliopolas.
7. Prostat apud Fridericum Mauke.
8. Excudebat Jacobus Mylius, impensis Matthaei Harnisch.
9. Excudebat Nicolaus Hoffmannus, sumptibus Jacobi Fischeri.
10. Impensis Jonae Rosae librarii Francofurtensis, typis Johannes Lancelloti academiae typographi.
11. Typis Joannis Wilhelmi Scheli, sumptibus Johannis Wagneri bibliopolae.
12. Prelo Meisneriano, sumptibus Pauli Helwigii bibliopolae.
13. Typis et sumptibus fratrum Coleti.
14. Summo studio litteris ac impensis Aldi Manucii Romani.
15. Prostant apud Philippum Lisaert. Auctoris aere et cura. Typis Davidis Martinii.

e) Chronogramme

Chronogramme nennt man schriftlich fixierte sprachliche Einheiten (Sätze, Verse u.a.), in denen herausgehobene lateinische Großbuchstaben, die zugleich Zahlwert besitzen, durch Addition eine Jahreszahl ergeben. Bei Büchern kann auf diese Weise das Erscheinungsjahr bezeichnet werden. Dabei steht:

I für 1
V für 5
X für 10
L für 50
C für 100
D für 500
M für 1000

1. Anno ChrIstI reDeMptorIs nostrI.
2. EXpVLIt InnVMeros paX IVsta DeVsqVe Latrones.
3. Me DuCit ChristVs.
4. GLorIa In eXCeLsIs Deo et In terra paX hoMInIbVs.
5. MoDo hoC CoeLo faVente sto.

AUFLÖSUNGEN: 1. 1604   2. 1648   3. 1705   4. 1731   5. 1755.

BENEDICTIO BIBLIOTHECAE

Deus*, scientiarum Dominus, benedictionem tuam super hanc bibliothecam benignus infunde; ut ipsa ab incendiis aliisque periculis tuta consistat, et in dies congruenter augeatur, et omnes qui vel officii vel studiorum ratione huc conveniunt, in divinarum humanarumque rerum scientia tuique pariter dilectione proficiant. Per Christum Dominum nostrum.

(Rituale Romanum)

* Vokativ

ERLÄUTERUNGEN

Anmerkungen zu den Lektionen

II.A.
2. Silvae: Bezeichnung für eine Sammlung formal und inhaltlich buntgemischter Schriften, insbesondere eine Sammlung vermischter Gedichte. Vgl. Johann Gottfried Herders "Kritische Wälder" (entstanden 1768).
4. Konrad Gesner (1516-1565): Arzt und Naturforscher in Zürich. Mit seiner Bibliotheca universalis (1545) wurde er zum Begründer der neuzeitlichen Bibliographie.
9. Der angebliche Briefwechsel zwischen Paulus und Seneca ist eine wohl in das 4. Jh. zu datierende literarische Fälschung.

III.A.
4. Liber librorum: als "Buch der Bücher" wird - mit anderer Sinngebung - auch die Bibel bezeichnet. Vgl. Canticum canticorum.
14. Ex libris ...: aus Besitzvermerken dieser Art ist das moderne Wort "Exlibris" entstanden.
15. Privilegium: von staatlicher oder kirchlicher Seite erteilte Privilegien sollten den Hersteller eines Buches vor Nachdruck schützen.
16. Claustrum sine armario ...: die Sentenz wird dem Kanoniker Gottfried von Sainte-Barbe-en-Auge (um 1170) zugeschrieben.

IV.A.
5. Legenda aurea: weitverbreitete Sammlung von Heiligenlegenden, verfaßt von dem Dominikaner Jacobus de Voragine (1226-1298).
9. Robertus Stephanus, Robert Estienne (1503-1559): unter Franz I. königlicher Drucker in Paris. Ging später nach Genf. Der Thesaurus linguae Latinae (1531) wird als sein Hauptwerk angesehen.
17. Monumenta Germaniae Historica: bedeutendste Quellensammlung zur mittelalterlichen deutschen Geschichte (erster Band 1826). Die mit der Edition betraute Körperschaft öffentlichen Rechts hat ihren Sitz heute in München.
18. Manuscripta Palatina: die Kurfürstlich-Pfälzische Bibliothek in Heidelberg (Bibliotheca Palatina) war eine der berühmtesten Büchersammlungen des 16. Jhs. Von Maximilan I. von Bayern beschlagnahmt und Papst Gregor XV. geschenkt, wurde sie 1623 nach Rom verbracht.

V.A.
9. Bernhard von Breydenbach (um 1440-1497): Domherr in Mainz. Unternahm 1483 eine Reise ins Heilige Land. Die von ihm herausgegebene Reisebeschreibung (1486) ist das erste gedruckte Buch mit naturgetreuen Abbildungen von fremden Städten, Menschen und Tieren.
10. Speculum humanae salvationis: spätmittelalterliches Erbauungsbuch, um 1324 bei den Straßburger Dominikanern entstanden. Von beträchtlichem Einfluß auch auf die bildende Kunst.
13. Codex Iuris Canonici: Gesetzbuch der katholischen Kirche des lateinischen Ritus. Neufassung seit 1983 in Kraft.
17. Ephemerides: "Ephemeriden" begegnet vor allem im 18. Jh. häufig bei Zeitschriftentiteln.

Der ursprüngliche Wortsinn (ephemeris = "Tagebuch") ist dabei nicht mehr berücksichtigt.

25. Biblia pauperum, "Armenbibel": durch Texte ergänzter biblischer Bilderzyklus, der Geschehnisse des Alten Testaments als Präfigurationen der Geschichte Christi deutet. Entstanden um 1300. Die Herkunft der Bezeichnung ist umstritten.

VI.A.

1. Homo unius libri: die Wendung wird auf Thomas von Aquin zurückgeführt. Dieser soll sich als "Mensch eines Buches", nämlich der Bibel, bezeichnet haben. Im negativen Sinn für einen einseitig ausgerichteten Menschen gebraucht.

4. Liber de duobus principiis: Schrift aus den Kreisen der Katharer (13. Jh.), deren dualistische Weltsicht sie widerspiegelt.

6. Legenda trium sociorum: Lebensbeschreibung des heiligen Franz von Assisi, wahrscheinlich Anfang des 14. Jhs. entstanden. Als Verfasser werden drei seiner Gefährten genannt.

7. Psalterium, Psalter: Sammlung der 150 alttestamentlichen Psalmen, auch Psalmenbearbeitung. Chaldäisch: ältere Bezeichnung für Aramäisch.

18. Prima philosophia: "Erste Philosophie" heißt nach Aristoteles die Metaphysik als philosophische Grunddisziplin.

20. Septuaginta: einer Legende zufolge wurden die 5 Bücher Mose von 72 jüdischen Gelehrten ins Griechische übertragen, wobei die unabhängig voneinander entstandenen Übersetzungen im Wortlaut genau übereinstimmten. Die Zahl 70 kommt durch Abrundung zustande.

VII.A.

1. Homo sum: Nachklang aus der Komödie Heautontimorumenos (I,1) des römischen Dichters Terenz (1. Jh. v. Chr.): "Homo sum: humani nil a me alienum puto" ("Ich bin ein Mensch: nichts Menschliches, glaube ich, ist mir fremd").

8. Cogito: Anspielung auf das berühmte "Cogito, ergo sum" ("Ich denke, also bin ich") des René Descartes (Principia philosophiae I,7).

9. Johannes Trithemius (1462-1516): Benediktiner. Vielseitiger Autor. Sein Werk "Vom Lobe der Schreiber" ist ein Abgesang auf eine zuendegehende Zeit.

12. Cassiodor (um 485 bis um 580): Staatsmann und Schriftsteller. Gründete um 540 das Klostrer Vivarium, dessen Mönchen er die Pflege der geistlichen und profanen Literatur zur Aufgabe machte. Als Anleitung zum Studium verfaßte er die Institutiones divinarum et saecularium litterarum, die Rückschlüsse auch auf die Bibliothek des Klosters erlauben.

VIII.A.

1. Johannes Balbi (+ um 1298): Dominikaner. Verfaßte ein lateinisches Wörterbuch mit vorangestellter Grammatik (Catholicon = "Allumfassendes"). Der Erstdruck (Mainz 1460) wurde Gutenberg zugeschrieben.

2. Vinzenz von Beauvais (1184/94 - um 1264): Dominikaner. Sein Speculum maius ist die umfassendste Enzyklopädie des Mittelalters.

3. Quia pauper amavi: der Titel ist der Ars amatoria des Ovid entnommen (II,165): "Pauperibus vates ego sum, quia pauper amavi" ("Ich bin ein Dichter für die Armen, weil ich selbst als Armer geliebt habe").

6. Das Pergament bewahrt in seinem Namen die Erinnerung an die Stadt Pergamon. Als Beschreibstoff verdrängte es seit dem 4./5. Jahrhundert n. Chr. den Papyrus. Isidor von Sevilla (um 560-636): Erzbischof von Sevilla, "der letzte abendländische Kirchenvater". Seine Etymologiae bieten eine enzyklopädische Zusammenfassung des damaligen Wissens.

12. Quaestio, "Streitfrage": Denkform und Lehrmethode der Scholastik in der Nachfolge des Aristoteles. Quaestiones disputatae: aus der mündlichen Disputation hervorgegangene Spezialuntersuchungen.

IX.A.

9. Scoti wurden im Mittelalter sowohl die Schotten als auch die Iren genannt. Scotia ist ein alter Name für Irland.

19. Index librorum prohibitorum: das Verzeichnis der für die Gläubigen der katholischen Kirche verbotenen Bücher. Förmlich herausgegeben erstmals 1559, 1966 außer Kraft gesetzt.

X.A.

1. Thomas Le Myésier: Breviculum ex Artibus Raimundi electum (Badische Landesbibliothek Karlsruhe).

5. Franz Hogenberg (um 1540 bis um 1590): Zeichner, Kupferstecher und Verleger. Mit Georg Braun Herausgeber des Städtebuches Civitates orbis terrarum (seit 1572), für das er mehr als 400 Städteansichten und Karten lieferte.

12. Aelius Donatus (4. Jh. n. Chr.): römischer Grammatiker. Seine Ars minor, eine für Anfänger bestimmte Grammatik der lateinischen Sprache, gehört zu den frühesten mit beweglichen Lettern gedruckten Büchern des Abendlandes.

17. Corpus Iuris Civilis: übliche Bezeichnung der von Kaiser Justinian (527-565) veranlaßten Sammlung des römischen Rechts. Die Wiederentdeckung im 11. Jh. war von nachhaltiger Wirkung auf die europäische Rechtsentwicklung.

20. De revolutionibus orbium coelestium: das Hauptwerk des Nikolaus Kopernikus (1473-1543) wurde erst kurz vor dessen Tod veröffentlicht und – entgegen der Ansicht des Autors – als Denkmodell ausgegeben. Die "kopernikanische Wende" hat sich durch die 1616 erfolgte Indizierung nicht verhindern lassen.

XI.A.

2. Nutrimentum spiritus: Inschrift auf der Fassade des 1775-1780 auf Initiative Friedrichs d. Gr. errichteten Gebäudes. In dem Roman "Séthos" des Abbé Terrasson (1731) wird die Bibliothek von Memphis als "Nourriture de l'Âme" bezeichnet, was seinerseits an das berühmte "psyches iatreion" ("Heilstatt der Seele") erinnert, das nach Diodor die Bibliothek Ramses' II. in Theben zierte (Bibliotheca historica I,49).

4. Dauphin: bis 1830 Titel des französischen Thronfolgers. In usum Delphini, auch ad usum Delphini: Kennzeichnung der unter Ludwig XIV. für den Kronprinzen veranstalteten lateinischen Klassikerausgaben (erschienen seit 1671). Der Ausdruck wird später für Textausgaben gebraucht, die im Hinblick auf jugendliche Leser von anstößigen Stellen gereinigt wurden.

5. Lectionarium, Lektionar: ein Buch, das die beim Gottesdienst vorgesehenen biblischen Lesungen enthält.

12. Res sacra ...: von Herzog August d. J. von Braunschweig und Lüneburg (1578-1666) auf die Bibliothek bezogen. Der Gründer der berühmten Herzog August Bibliothek in

Wolfenbüttel verlangte von seinen Bücheragenten keine genauen Abrechnungen.

13. Richard de Bury (1287-1345): Bischof von Durham. Verfasser des Philobiblon. Das Werk ist als klassische Verteidigung der Bücherliebe in die Weltliteratur eingegangen.

21. Rerum vulgarium fragmenta: Titel, den Francesco Petrarca (1304-1374) der Sammlung seiner italienischen Gedichte gegeben hat. Der heute gebräuchliche Titel Il Canzoniere geht auf eine Ausgabe des 19. Jhs. zurück.

23. Sigmund Feyerabend (1528-1590): Verleger in Frankfurt a. M. Das für ihn gedruckte "Ständebuch" (1568) mit Versen von Hans Sachs und Holzschnitten von Jost Amman ist auch als kulturgeschichtliche Quelle bedeutsam.

25. Aldus Manutius (1449-1515): humanistischer Buchdrucker in Venedig. Unter seinen Drucken ragen eine griechische Aristoteles-Ausgabe (1495-1498) und die allegorische Traumdichtung Hypnerotomachia Poliphili (1499) heraus, die als eines der schönsten Werke der Buchgeschichte gilt. Seine seit 1501 erschienenen kleinformatigen Klassikerausgaben (oft als "Aldinen" bezeichnet) sind beliebte Sammelobjekte. Die Druckerei wurde nach seinem Tod von der Familie weitergeführt.

XII.A.

3. Offendit Christum ...: Hexameter mit Zäsurreim ("Leoninischer Vers"). Aus Klosterneuburg.

7. Galen (2. Jh. n. Chr.): neben Hippokrates der berühmteste Arzt des Altertums. Von bedeutendem Einfluß auf das arabische und lateinische Mittelalter.

18. Non est eiusdem ...: die Feststellung findet sich schon in einem Brief des Hieronymus (um 347-419/420). Johannes von Salisbury (um 1115-1180) hat sie – leicht abgewandelt – in sein Gedicht Entheticus eingefügt. Beide Stellen zitiert Richard de Bury (Philobiblon XV).

XIII.A.

4. Reginbert († 846/847): Bibliothekar im Kloster Reichenau.

6. Hagiographie: Lebensbeschreibung der Heiligen, Erforschung der Heiligenlegenden. Bollandisten, Société des Bollandistes: auf den Jesuiten Jean Bolland (1596-1665) zurückgehende Forschungseinrichtung, die sich um die kritische Veröffentlichung des Materials zum Leben der Heiligen bemüht (Acta Sanctorum, erster Band 1643). Sitz in Brüssel.

13. Epigraphik: Inschriftenkunde.

20. Bibliotheca Bodleiana, Bodleian Library: die von Thomas Bodley (1545-1613) neubegründete Universitätsbibliothek Oxford (eröffnet 1602).

XIV.A.

7. Incipit: den Text einleitende Wendung in Handschriften, häufig durch besondere Schrift und andere Farbe hervorgehoben. Das auch von den frühen Druckern übernommene Incipit ersetzt in älterer Zeit den Buchtitel.

8. Explicit: Schlußformel in Handschriften. Gegenstück zum Incipit, wie dieses oft durch Schrift und Farbe herausgehoben.

18. Pausanias (2. Jh. n. Chr.): Verfasser einer "Beschreibung Griechenlands", die geographisches Wissen in Form eines Reiseberichts darbietet. Die Literaturgattung wird als "Periegese" bezeichnet.

19. Infra sedes scribentium ...: der Klosterplan von St. Gallen aus dem 9. Jh. führt über der Schreibstube die Bibliothek auf, welcher damit ausdrücklich ein eigener Raum zugewiesen wird.

XV.A.

2. Acta Eruditorum: die erste wissenschaftliche Zeitschrift Deutschlands erschien von 1682 bis 1782 (in lateinischer Sprache). Bedeutendster Mitarbeiter war Gottfried Wilhelm Leibniz.

3. Georg Wolfgang Panzer (1729-1805): Bibliograph, Pfarrer in Nürnberg. Sein Hauptwerk sind die Annales typographici (1793-1803), in denen er die Drucke bis zum Jahre 1536 verzeichnet. Panzers bedeutende Bibelsammlung wurde 1780 von Herzog Karl Eugen von Württemberg erworben.

4. Ludwig Hain (1781-1836): Bibliograph. Schuf mit seinem Verzeichnis der bis zum Jahre 1500 gedruckten Bücher (Repertorium bibliographicum, 1826-1838) ein grundlegendes Hilfsmittel für die Inkunabelforschung. Das unvollendet hinterlassene Werk hat mehrere Fortsetzer gefunden und wird erst durch den "Gesamtkatalog der Wiegendrucke" ersetzt.

6. Der Rechenschaftsbericht des Kolumbus vom 4. März 1493 ist das früheste Dokument zur Entdeckung der Neuen Welt. Die lateinische Übersetzung wurde noch im selben Jahr erstmals gedruckt.

10. Imprimi potest, auch Imprimatur ("es werde gedruckt"): entspricht dem deutschen "Mit kirchlicher Druckerlaubnis." Der Vermerk besagt, daß das betreffende Werk keine Verstöße gegen die katholische Glaubens- und Sittenlehre enthält.

XVI.A.

17. Decretum Gelasianum ...: Anfang des 6. Jhs. zusammengestelltes Werk, fälschlich Papst Gelasius I. († 496) zugeschrieben.

XVII.A.

3. Postille, abgeleitet von post illa = "nach jenen (Worten)": Bibelerklärung im Anschluß an den jeweiligen Textabschnitt, später Erklärung der biblischen Bücher überhaupt. Die Postille des Nikolaus von Lyra (um 1270-1349) war die meistverbreitete des Mittelalters.

7. De remediis utriusque fortunae: die 1532 in Augsburg gedruckte deutsche Ausgabe dieses Werkes enthält über 250 Holzschnitte. Der Zeichner ist als "Petrarcameister" bekannt geworden.

13. Aliis inserviendo consumor: die Sentenz wird in der Emblematik mit dem Bild einer brennenden Kerze in Verbindung gebracht. Als Wahlspruch des Bibliothekars, der sich "willig ... Genüsse versagen (muß), die er anderen bereitet," erscheint sie bei Friedrich Adolf Ebert ("Die Bildung des Bibliothekars," 2. Auflage 1820)

15. Sum de bibliotheca ...: nach der Erbeutung der Palatina (1622) ließ Maximilian I. von Bayern ein Exlibris anfertigen, das die Schenkung der Bibliothek an Papst Gregor XV. festhalten sollte. Es wurde in 8800 Exemplaren gedruckt, allerdings nur in wenigen Büchern angebracht.

XVIII.A.

19. Janus Gruterus, Jan Gruter (1560-1627): von 1602 bis 1622 Bibliothekar der Heidelberger Palatina. Die von ihm herausgegebenen Delitiae (!) poetarum Germanorum

      (1612) sind eine Fundgrube für die deutsche neulateinische Dichtung des 16. und beginnenden 17. Jhs.

23.   "Qui nescit scribere ...: Klagen über die Mühsal des Schreibens finden sich öfter in mittelalterlichen Handschriften. Das hier angeführte Beispiel ist aus dem 8. Jh. überliefert.

XIX.A.

1.   Hartmann Schedel (1440-1514), Arzt und Humanist in Nürnberg. Verfasser einer mit über 1800 Holzschnitten ausgestatteten Weltchronik. Sie wurde 1493 von Anton Koberger in einer lateinischen und einer deutschen Ausgabe gedruckt.

4.   Erasmus von Rotterdam (1492?-1536): herausragende Gestalt des europäischen Humanismus. 1516 erschien in Basel die von ihm besorgte erste Druckausgabe des griechischen Neuen Testaments.

16.   Littera scripta manet ...: der in verschiedenen Fassungen überlieferte Satz von der Fortdauer des Geschriebenen läßt sich bis ins Mittelalter zurückverfolgen. Eine Variante bietet Übung 4.b.5.

18.   Patrologie, Patristik: Wissenschaft von den Kirchenvätern. Jacques-Paul Migne (1800-1875): Verleger, katholischer Geistlicher. Brachte unter Verwendung älterer Ausgaben eine Textsammlung der Kirchenschriftsteller heraus (Patrologiae cursus completus. Series Latina 1844-1855. Series Graeca 1857-1866), die zum großen Teil noch heute unentbehrlich ist.

XX.A.

5.   Basilius (?) Bessarion (1403?-1472): Kardinal und Humanist. Auf sein Vermächtnis geht die Biblioteca Marciana in Venedig zurück.

7.   Paullatim quoque Roma ...: metrische Inschrift in Form eines Distichons (Verbindung von Hexameter und Pentameter).

14.   Ars moriendi: Erbauungsbuch des späten Mittelalters. Zu den ältesten illustrierten Ausgaben gehört ein um 1460 wohl in den Niederlanden entstandenes Blockbuch, dessen Holzschnitte oft kopiert wurden.

15.   Sanctorum veneranda cohors ...: heute verlorene Inschrift aus der Bibliothek Gregors d. Gr. (um 540-604). Das aus drei Distichen bestehende Gedicht würdigt die Verdienste Papst Agapets I. († 536) um die Bewahrung des antiken Bildungsgutes.

Anmerkungen zu den Übungen

1.c.

1.   Regula Magistri: anonym überlieferte, wohl im ersten Viertel des 6. Jhs. verfaßte Mönchsregel mit auffälligen Bezügen zur Regel des hlg. Benedikt.

2.b.

10.   Pia desideria: die im Deutschen sprichwörtlich gewordene Wendung begegnet erstmals in lateinischer Fassung bei dem belgischen Jesuiten Hermann Hugo (1627). Der evangelische Theologe Philipp Jacob Spener (1635-1705) übernahm sie für seine Schrift "Pia desideria oder Hertzliches Verlangen nach gottgefälliger Besserung der wahren evangelischen Kirchen" (1675), die zu einem Hauptwerk des lutherischen Pietismus wurde.

3.b.

10. Nomina Sacra: der Ausdruck bezeichnet in der Handschriftenkunde die gebräuchlichen Abkürzungen zentraler Begriffe aus der christlichen Glaubenswelt (deus, Iesus, Christus u.a.)

4.b.

1. Hexapla (Pl.): von Origenes (um 185 bis um 254) veranstaltete Parallelausgabe des Alten Testaments in sechs Spalten, bei der dem hebräischen Text verschiedene griechische Übersetzungen gegenübergestellt sind.

5.b.

1. Abraham Ortelius (1527-1598): Kartograph. Sein Hauptwerk Theatrum orbis terrarum (70 Kupferstichkarten) erschien erstmals 1570 und erfuhr in erweiterter Fassung zahlreiche Neuauflagen.

6.b.

3. ... habent sua fata libelli: der oft verkürzt zitierte Satz über das Schicksal der Bücher stammt aus dem Werk De litteris, de syllabis et de metris, einer in späterer Zeit vorgenommenen Zusammenstellung von drei Lehrgedichten. Die Lebensdaten des Verfassers sind unsicher (zwischen dem 2. und 4. Jahrhundert n. Chr.)

Anmerkungen zum Anhang

c.4. Ambrosius(um 340-397): Bischof von Mailand, Kirchenlehrer. Nach ihm ist die von Kardinal Federigo Borromeo begründete, 1609 eröffnete Biblioteca Ambrosiana in Mailand benannt.

e.2. 1648 wurde der Westfälische Friede geschlossen, der das Ende des Dreißigjährigen Krieges bezeichnet.

IOHANNIS GERHARDI

THEOLOGI QUONDAM JENENSIS CELEBERRIMI

LOCI
THEOLOGICI

CUM PRO ADSTRUENDA VERITATE

TUM PRO DESTRUENDA QUORUMVIS CONTRADICENTIUM

FALSITATE

PER THESES NERVOSE SOLIDE ET COPIOSE

EXPLICATI

DENUO EDIDIT

VARIIQUE GENERIS OBSERVATIONES

NEC NON

PRAEFATIONEM

QUA

DE VITA AC SCRIPTIS AUCTORIS DISSERITUR

ADIECIT

IO. FRIDERICUS COTTA

THEOLOGUS TUBINGENSIS

TOMUS PRIMUS

IN QUO LOCI DE SCRIPTURA SACRA, DE DEO ET DE PERSONA
CHRISTI CONTINENTUR.

TUBINGAE

SUMTIBUS IO. GEORGII COTTAE

MDCCLXII.

Abbildung 15

LITERATURHINWEISE

Ein knapper Überblick über bibliothekarisch relevante Aspekte des Lateinischen findet sich bei
Charles Geoffrey Allen: A Manual of European Languages for Librarians. London 1981.

Das Wichtigste aus der Grammatik bietet in gedrängter Form
Leo Stock: Langenscheidts Kurzgrammatik Latein. Berlin 1995.

Umfassender ist
Hermann Throm: Lateinische Grammatik. Berlin 1995.

Die großen Wörterbücher kommen für die bibliothekarische Praxis seltener in Betracht. Als
handliche Hilfsmittel seien genannt
Karl Ernst Georges: Ausführliches lateinisch - deutsches Handwörterbuch.
    8. Auflage von Heinrich Georges. Hannover 1913-19. Nachdruck: Hannover 1995.
Hermann Menge: Langenscheidts Großwörterbuch Lateinisch.
    T. 1. Lateinisch - deutsch. Berlin 1992.
Jan Frederik Niermeyer: Mediae Latinitatis lexicon minus.
    Perficiendum curavit C. van de Kieft. Leiden 1993.

Für das Gelehrtenlatein der Neuzeit wird man gegebenenfalls auf ältere Werke zurückgreifen
müssen. Als brauchbar hat sich erwiesen
Adamus Fridericus Kirschius: Abundantissimum cornu copiae linguae Latinae et
    Germanicae selectum. Augustae Vindelicorum 1796. Nachdruck: Graz 1970.

Neulateinischer Sprachgebrauch ist auch berücksichtigt bei
Johann Philipp Krebs: Antibarbarus der lateinischen Sprache.
    Basel 1905. Nachdruck: Basel 1984.

Lateinische Fachtermini des Buch- und Bibliothekswesens sind verzeichnet bei
Werner Rust: Lateinisch-griechische Fachwörter des Buch- und Schriftwesens.
    Wiesbaden 1977 und
Zoltán Pipics: Dictionarium bibliothecarii practicum ad usum internationalem in XXII
    linguis. München 1977.

Zur Bestimmung lateinischer Ortsnamen ist nach wie vor unentbehrlich
Johann Georg Theodor Graesse, Friedrich Benedict, Helmut Plechl: Orbis Latinus.
    Lexikon lateinischer geographischer Namen des Mittelalters und der Neuzeit. Be
    arbeitet und herausgegeben von Helmut Plechl unter Mitarbeit von Sophie-Charlotte
    Plechl.
    Großausgabe: Braunschweig 1972.
    Handausgabe: Lateinisch - deutsch, deutsch - lateinisch. Herausgegeben von Helmut
    Plechl unter Mitarbeit von Günter Spitzbart. Braunschweig 1971.

Ergänzend ist zu nennen
Robert Alexander Peddie: Place Names in Imprints. An Index to the Latin and Other
    Forms Used on Title Pages. London 1932. Nachdruck: Detroit 1968.

BIBLIOTHECA

Vniuerfalis, fiue Catalogus omni-

um fcriptorum locupletiffimus, in tribus linguis, Latina, Græca, & He-
braica: extantium & non extantiũ, ueterum & recentiorum in hunc ufcp
diem, doctorum & indoctorum, publicatorum & in Bibliothecis laten-
tium. Opus nouum, & nõ Bibliothecis tantum publicis priuatifue in-
ftituendis neceffarium, fed ftudiofis omnibus cuiufcuncp artis aut
fcientiæ ad ftudia melius formanda utiliffimum : authore
CONRADO GESNERO Tigurino doctore medico.

TIGVRI APVD CHRISTOPHORVM
Frofchouerum Menfe Septembri, Anno
M. D. XLV.

Abbildung 16

Mittelalterliche lateinische Personennamen findet man im 6. Band der "Regeln für die alphabetische Katalogisierung. RAK. Herausgegeben von der Kommission des Deutschen Bibliotheksinstituts für alphabetische Katalogisierung":

> Personennamen des Mittelalters. PMA. Wiesbaden 1989. Supplement: 1992.

Antike Personennamen sind im 7. Band der "Regeln für die alphabetische Katalogisierung" nachzuschlagen:

> Personennamen der Antike. PAN. Wiesbaden 1993.

Lateinische Drucker- und Verlegerangaben verzeichnen

> *Josef Benzing*: Druck- und Verlagsvermerke im älteren deutschen Buch, in: Das Antiquariat 10 (1954), 29-30 und
>
> *Wolfgang Müller*: Glossar, in: Regeln für die Katalogisierung alter Drucke. Erarbeitet von der Arbeitsgruppe des Deutschen Bibliotheksinstituts "RAK-WB und Alte Drucke". Herausgegeben und eingeleitet von Klaus Haller. Berlin 1994, 80-81.

Wer sich eingehender mit lateinischen Titelblättern beschäftigen möchte, sei auf

> *Augustus Wolfstieg*: Exempla titulorum. Berolini 1906 und
>
> *Cornelia Lehmann*: Lateinische Titel. Berlin 1960

verwiesen.

Lateinische Texte zur Bibliotheksgeschichte hat H. Fuchs in einer ansprechenden Auswahl zusammengestellt:

> *Hermann Fuchs*: Aus Theorie und Praxis der Bibliotheken. Ein lateinisches Lesebuch. Hamburg 1952.

LATEINISCH-DEUTSCHES WÖRTERVERZEICHNIS

Ziffern hinter den Verben bezeichnen jeweils die Zugehörigkeit zu einer der vier Konjugationen. Verben der gemischten Konjugation werden der konsonantischen zugeordnet.

A

a, ab (mit Abl.)	von, seit
abbas,-atis, m.	Abt
abundans, Gen.: -tis	überreich, reichlich
abusivum, -i, n.	Unsitte, Verkehrtheit
ac s. atque	
academia, -ae, f.	Akademie, Universität
accedo, -cessi, -cessum, 3	herantreten, hinzukommen
accipio, -cepi, -ceptum, 3	annehmen, aufnehmen
accuratus, -a, -um	sorgfältig, genau
acta, -orum, n.	Taten, Verordnungen, Verhandlungen, Akten
actio, -onis, f.	Handlung, Vortragsweise
acutus, -a, -um	spitz, scharf, scharfsinnig
ad (mit Akk.)	nach, an, bei, zu, bis zu
adaugeo, -auxi, -auctum, 2	noch vergrößern, vermehren
additamentum ,-i, n.	Anhang, Zusatz
addo, -didi, -ditum, 3	hinzufügen
adhibeo, -ui, -itum, 2	hinzunehmen, hinzuziehen
adicio, -ieci, -iectum, 3	hinzufügen
adiuvo, 1	helfen
administratio, -onis, f.	Handhabung, Verwaltung
administro, 1	leiten, verwalten
admoneo, -ui, -itum, 2	mahnen, ermahnen
adstruo s. astruo	
adversus (mit Akk.)	gegen
aedes (aedis), -is, f.	Gemach, Pl.: Haus, Wohnung
aedis s. aedes	
aes, aeris, n.	Kupfer, Erz, Geld, Vermögen
Aesopeus (Aesopius), -a, -um	zu Äsop gehörig, äsopisch
Aesopius s. Aesopeus	
aetas, -atis, f.	Lebensalter, Zeitalter
Antiqua Aetas	Altertum
Media Aetas	Mittelalter
aeternitas, -atis, f.	Ewigkeit
aeternus, -a, -um	ewig
aevum, -i, n.	Zeitalter
Medium Aevum	Mittelalter
affectus, -us, m.	Zustand
affero, attuli, allatum, affere	herbeibringen, anführen
ago, egi, actum, 3	betreiben, veranstalten, handeln
alius, -a, -ud	ein anderer

alo, alui, altum, 3	nähren
alphabeticus, -a, -um	alphabetisch
Alsatia, -ae, f.	Elsaß
alter, -era, -erum	der eine, der andere (von beiden), der zweite (von zweien)
Ambrosianus, -a, -um	zu Ambrosius gehörig, ambrosianisch
amicitia, -ae, f.	Freundschaft
amicus, -i, m.	Freund
amo, 1	lieben
amor, -oris, m.	Liebe
Amstelodamensis, -e	zu Amsterdam gehörig
anatomia, -ae, f.	Anatomie
anatomicus, -a, -um	anatomisch
angelus, -i, m.	Engel
Anglia, -ae, f.	England
Anglicus, -a, -um	englisch
anima, -ae, f.	Seele
annales, -ium, m.	Jahrbücher, Annalen
annoto, 1	anmerken, mit Anmerkungen versehen
annus, -i, m.	Jahr
ante (mit Akk.)	vor
antea	vorher, früher
antehac	bisher, früher
antiquus, -a, -um	alt
aperio, -rui, -rtum, 4	öffnen
apocryphus, -a, -um	untergeschoben, unecht, apokryph
apologeta, -ae, m.	Verteidiger, Apologet
apologia, -ae, f.	Verteidigung, Verteidigungsschrift
apostolicus, -a, -um	apostolisch
apostolus, -i, m.	Apostel
apparatus, -us, m.	Gerät, Rüstzeug
apparatus criticus	kritischer Apparat
appello, 1	anreden, nennen
apud (mit Akk.)	bei
aquaeductus, -us, m.	Wasserleitung
Arabicus, -a, -um	arabisch
aratrum, -i, n.	Pflug
arbitrium, -i, n.	Schiedsspruch, Entscheidungsfähigkeit, Wille
arcanus, -a, -um	geheim
archaeologicus, -a, -um	archäologisch
archiepiscopus, -i, m.	Erzbischof
Argentina civitas, -ae -atis, f.	Straßburg
Aristotelicus, -a, -um	zu Aristoteles gehörig, aristotelisch
arithmetica, -ae, f.	Arithmetik
armamentarium, -i, n.	Zeughaus, Arsenal
armarium, -i, n.	Bücherschrank
ars, artis, f.	Kunst
articulus, -i, m.	Abschnitt, Punkt, Artikel

assertio, -onis, f.	Aussage, Lehrmeinung, Lehre
assiduitas, -atis, f.	Ausdauer, Beharrlichkeit
astrolabium, -i, n.	Astrolabium
astronomia, -ae, f.	Sternkunde, Astronomie
astronomicus, -a, -um	astronomisch
astruo (adstruo), -struxi, -structum, 3	darlegen, beweisen
atque, ac	und
auctarium , -i, n.	Zugabe
auctor (autor, author), -oris, m.	Urheber, Verfasser
auctoritas, -atis, f.	Ansehen, Autorität, Bedeutung, Beschluß
audio, 4	hören
augeo, auxi, auctum, 2	vermehren, vergrößern
Augiensis, -e	zur Reichenau gehörig
Augusta Vindelicorum, -ae, f.	Augsburg
Augusteus, -a, -um	zu Augustus gehörig, augusteisch
augustus, -a, -um	ehrwürdig, erhaben
aureus, -a, -um	golden
Austriacus, -a, -um	österreichisch
aut	oder
autem	aber
author s. auctor	
autor s. auctor	
autumnalis , -e	herbstlich, Herbst-
avis, -is, f.	Vogel

B

Basilea, -ae, f.	Basel
Basiliensis, -e	zu Basel gehörig
Bavaria, -ae, f.	Bayern
beatus, -a, -um	glücklich, selig, verewigt
bellum, -i, n.	Krieg
bellum civile	Bürgerkrieg
bene	gut (Adv.), wohl
benedictio, -onis, f.	Segen
benignus, -a, -um	gütig
Berolinensis, -e	zu Berlin gehörig
Berolinum, -i, n.	Berlin
biblia, -ae, f.	Bibel
Biblia pauperum	Armenbibel
biblicus, -a, -um	biblisch
bibliographia, -ae, f.	Bibliographie
bibliographicus, -a, -um	bibliographisch
biblion (griech.), -ii, n.	Buch; Pl.: Bibel
bibliopola, -ae, m.	Buchhändler
bibliotheca, -ae, f.	Bibliothek
bibliothecarius, -i, m.	Bibliothekar
biographia, -ae, f.	Lebensbeschreibung, Biographie

Bodleianus, -a, -um	zu (Thomas) Bodley gehörig
Bodonianus, -a, -um	zu (Giambattista) Bodoni gehörig
Bollandianus, -a, -um	zu (Jean) Bolland gehörig
bonus, -a, -um	gut
breviarium, -i, n.	kurzer Auszug, kurzes Verzeichnis, Brevier
breviloquus, -a, -um	kurzgefaßt
brevis, -e	kurz
Britannia, -ae, f.	Britannien, England mit Schottland
Britannicus, -a, -um	britisch
bulla, -ae. f.	Kapsel, Bulle
Bulla Aurea	die Goldene Bulle
Byzantinus, -a, -um	byzantinisch

C

cado, cecidi, -, 3	fallen
caelestis (coelestis), -e	himmlisch, Himmels-
caelum (coelum), -i, n.	Himmel
Caesareus, -a, -um	kaiserlich
cancellarius, -i, m.	Kanzler
candidus, -a, -um	glänzend, rein, redlich
canonicus, -a, -um	kirchenrechtlich, kanonisch
canticum, -i, n.	Gesang, Lied
Canticum canticorum	das Hohe Lied
cantus, -us, m.	Gesang, Musik
capio, cepi, captum, 3	fassen, ergreifen, einnehmen
capitulum, i, n.	Abschnitt, Kapitel
captus, -us, m.	Fassungskraft, Bildungsstand
cardinalis, -is, m.	Kardinal
caritas, -atis, f.	Liebe
carmen, -inis, n.	Lied, Gedicht
Cartusiensis, -e	zur Kartause gehörig
carus, -a, -um	lieb, teuer
castigo, 1	züchtigen, zurechtweisen, verbessern
casus, -us, m.	Fall
catalogus, -i, m.	Verzeichnis, Katalog
catechismus, -i, m.	Katechismus
catholicus, -a, -um	allgemein, katholisch
causa, -ae, f.	Grund, Ursache
celeber, -bris, -bre	gefeiert, berühmt
celebro, 1	feiern
cena (coena), -ae, f.	Mahlzeit
cena domini	Abendmahl
certus, -a, -um	sicher, fest, unbestreitbar
ceterus, -a, -um	der übrige
Chaldaeus (Chaldaicus), -a, -um	chaldäisch
Chaldaicus s. Chaldaeus	
Christianus, -a, -um	christlich

Christus, -i, m.	Christus
chronica (cronica), -ae, f.	Chronik
chronica, -orum, n.	Geschichtsbücher nach der Zeitfolge, Chronik
circa (mit Akk.)	um, in bezug auf
circulus, -i, m.	Kreis
cito, 1	zitieren
civilis, -e	bürgerlich
civis, -is, m.	Bürger
civitas, -atis, f.	Bürgerschaft, Stadt, Staat
clarus, -a, -um	glänzend, berühmt
claustrum, -i, n.	Kloster
clavis, -is, f.	Schlüssel
clementia, -ae, f.	Milde
codex, -icis, m.	Buch, Kodex
codex manuscriptus	Handschrift
coelestis s. caelestis	
coelum s. caelum	
coena s. cena	
cogito, 1	denken
cognitio, -onis, f.	Kennenlernen, Erkennen
cognosco, -gnovi, -gnitum, 3	erkennen
cohibeo, -ui, -itum, 2	fernhalten, bändigen
cohors, -tis, f.	Schar
collectanea, -orum, n.	Kollektaneen, Sammelwerk
collector, -oris, m.	Einsammler
collega, -ae, m.	Kollege
colligo, -legi, -lectum, 3	sammeln, zusammenstellen
columna, -ae, f.	Säule, Schriftspalte
comicus, -i, m.	Komödiendichter
commentarium, -i, n.	Kommentar
commentarius, -i, m.	Kommentar
commentatio, -onis, f.	wissenschaftliche Abhandlung, Erläuterung
communis, -e	gemeinsam, allgemein
locus communis	Gemeinplatz
comoedia, -ae, f.	Lustspiel, Komödie
compassio, -onis, f.	Mitleid
compendiosus, -a, -um	abgekürzt, kurz
compendium, -i, n.	Abriß, Leitfaden, kurzgefaßtes Lehrbuch
compleo, -evi, -etum, 2	anfüllen, vervollständigen, vollenden
completus, -a, -um	vollständig
compono, -posui, -positum, 3	zusammenstellen, verfassen
comprehendo, -endi, -ensum, 3	zusammenfassen, begreifen
computo, 1	berechnen
concilium, -i, n.	Versammlung, Konzil
concordantia, -ae, f.	Übereinstimmung, Konkordanz
conditio, -onis, f.	Lage, Bedingung
condo, -didi, -ditum, 3	gründen, begründen
conduco,-duxi, -ductum, 3	zusammenführen, beitragen

confero, contuli, collatum, conferre	zusammentragen, zusammenstellen, zusammenfassen
confessio, -onis, f.	Geständnis, Bekenntnis, Beichte
confirmo, 1	befestigen, stärken
conforto, 1	stärken
congruens, Gen.: -entis	übereinstimmend, passend, schicklich
coniugalis s. coniugialis	
coniugialis (coniugalis), -e	ehelich, Ehe-
conor, 1	versuchen
conquiro, -quisivi, -quisitum, 3	zusammensuchen, zusammenbringen
conscribo, -scripsi, -scriptum, 3	zusammenschreiben, aufschreiben
conservo, 1	bewahren, erhalten
consilium, -i, n.	Rat, Plan
consisto, -stiti, -, 3	stehenbleiben, bestehen, dasein
consolatio, -onis, f.	Trost, Tröstung
consolor, 1	trösten
constantia, -ae, f.	Festigkeit, Beständigkeit
constitutio, -onis, f.	Verfassung, Zustand, Anordnung
consto, -stiti, -, 1	fortbestehen, richtig sein
constat	es steht fest
consul, -ulis, m.	Konsul
consumo, -sumpsi, -sumptum, 3	aufbrauchen, aufreiben
contemno, -tempsi, -temptum, 3	verachten
contemptus, -us, m.	Geringschätzung, Verachtung
contineo, -tinui, -tentum, 2	umschließen, enthalten
contingo, -tigi, -tactum, 3	betreffen, zutreffen, eintreten
contra (mit Akk.)	gegen, wider
contradico, -dixi, -dictum, 3	widersprechen
controversia, -ae, f.	Streit, Streitfrage
conus, -i, m.	Kegel
convenio, -veni, -ventum, 4	zusammenkommen
conventus, -us, m.	Versammlung, Kongreß
conversor, 1	verkehren, Umgang haben
converto, -verti, -versum, 3	umwenden, übersetzen
copia, -ae, f.	Menge, Fülle
copiosus, -a, -um	reichlich, ausführlich
cor, cordis, n.	Herz
cornu, -us, n.	Horn
cornu copiae	Füllhorn
corona, -ae, f.	Kranz, Krone
corpus, -oris, n.	Körper, Sammlung, Gesamtwerk
correctus, -a, -um	gebessert, verbessert
corrigo, -rexi, -rectum, 3	zurechtweisen, berichtigen, verbessern
corruptus, -a, -um	verdorben, schlecht, verkehrt
cosmographia, -ae, f.	Weltbeschreibung, Kosmographie
credo, -didi, -ditum, 3	glauben, vertrauen
cresco, crevi, (cretum), 3	wachsen
criticus, -a, -um	kritisch
cronica s. chronica	

cum (mit Abl.)	mit
cum ... tum	sowohl ... als auch besonders
cuncti, -ae, -a	alle zusammen
cura, -ae, f.	Sorge, Behandlung, Bemühung, Amt
curo, 1	besorgen
cursus, -us, m.	Lauf, Verlauf, Lehrgang
custodia, -ae, f.	Aufsicht, Kontrolle

D

damnum, -i, n.	Schaden, Verlust
de (mit Abl.)	von, über, hinsichtlich
debeo, -ui, -itum, 2	schulden, verdanken, sollen, müssen, (neg.) dürfen
decem	zehn
deceptorius, -a, -um	trügerisch
declinatio, -onis, f.	Abbiegung, Deklination
decretalis, -e	ein Dekret enthaltend
decretales (epistolae)	päpstliche Erlasse in Briefform
decretum, -i, n.	Beschluß, Entscheidung, Verordnung
dedico, 1	weihen, widmen
deliciae, -arum, f.	Wonne, Genuß, Vergnügen
delineo, 1	zeichnen
Delphinus, -i, m.	Dauphin
demonstro, 1	darlegen, beweisen
denuo	von neuem, wieder
depingo, -pinxi, -pictum, 3	abbilden
depromo, -prompsi, -promptum, 3	hervorholen, entnehmen
describo, -scripsi, -scriptum, 3	beschreiben, darstellen
descriptio, -onis, f.	Schilderung, Darstellung, Beschreibung
desiderium, -i, n.	Sehnsucht, Wunsch
desidiosus, -a, -um	müßig, träge, faul
destructio, -onis, f.	Zerstörung
destruo, -struxi, -structum, 3	vernichten, zerstören
desum, defui, deesse	nicht dasein, fehlen
deus, -i, m.	Gott
devotus, -a, -um	treu ergeben, fromm
dialogus, -i, m.	(philosophisches) Gespräch, Dialog
diarium, -i, n.	tägliche Kost, Tagebuch
dico, dixi, dictum, 3	sagen, nennen
dictionarium, -i, n.	Wörterbuch
dictum, -i, n.	Aussage, Ausspruch
dies, -ei, m.	Tag, (f.) Termin
in dies	von Tag zu Tag
dies natalis	Geburtstag
differentia, -ae, f.	Unterschied
dignitas, -atis, f.	Würde
dilectio, -onis, f.	Liebe
diligens, Gen.: -entis	sorgfältig

dilucido, 1	erklären, erläutern
dilucidus, -a, -um	klar, deutlich
dimensio, -onis, f.	Ausmessung, Berechnung
directio, -onis, f.	Richtung
disciplina, -ae, f.	Unterweisung, Erziehung, Lebensweise, (wisssenschaftliches) Fach, Ordnung
discipulus, -i, m.	Schüler
discrimen, -inis, n.	Unterschied, Unterscheidung
dispono, -posui, -positum, 3	ordnen, in Ordnung bringen
disputatio, -onis, f.	Untersuchung, Abhandlung
disputo, 1	erörtern, disputieren, untersuchen
dissero, -serui, -sertum, 3	erörtern, abhandeln
dissertatio, -onis, f.	Erörterung
dissonus, -a, -um	verschieden
dissuasio, -onis, f.	Abraten, Gegenrede
distinctio, -onis, f.	Unterscheidung, Unterschied
distinguo, -stinxi, -stinctum, 3	trennen, unterscheiden
distribuo, -bui, -butum, 3	verteilen, einteilen
diversus, -a, -um	verschieden
divido, -visi, -visum, 3	trennen, teilen, einteilen
divinus, -a, -um	göttlich
divitiae, -arum, f.	Reichtum
divus, -a, -um	göttlich, heilig
do, dedi, datum, 1	geben
doceo, docui, doctum, 2	lehren
doctor, -oris, m.	Lehrer, Doktor
doctrina, -ae, f.	Lehre, Gelehrsamkeit
doctus, -a, -um	gelehrt
dolus, -i, m.	Betrug, Arglist
dominicalis, -e	sonntäglich
dominus, -i, m.	Herr
domus, -us, f.	Haus
dono, 1	schenken
donum, -i, n.	Gabe, Geschenk
duco, duxi, ductum, 3	führen
uxorem ducere	zur Ehefrau nehmen, heiraten
duo, -ae, -o	zwei
duodecim	zwölf
duratio, -onis, f.	Dauer
dux, ducis, m.	Führer, Herzog

E

e, ex (mit Abl.)	aus, von, seit, gemäß
ecclesia, -ae, f.	Kirche
ecclesiasticus, -a, -um	kirchlich, Kirchen-
editio, -onis, f.	Ausgabe
editio princeps	Erstausgabe, wichtigste Ausgabe

editor, -oris, m.	Herausgeber, Verleger
edo, -didi, -ditum, 3	herausgeben
educo, 1	erziehen
effigies, -ei, f.	Bild, Bildnis
ego, Akk.: me	ich
egregius, -a, -um	hervorragend
elaboro, 1	ausarbeiten, bearbeiten
elegia, -ae, f.	Elegie
elenchus, -i, m.	Verzeichnis, Register, Übersicht
eligo, -legi, -lectum, 3	auswählen
elogium, -i, n.	Aussage, Ausspruch
eloquentia, -ae, f.	Beredsamkeit
vulgaris eloquentia	Dichten in der Muttersprache
elucidatio, -onis, f.	Erklärung
emendatus, -a, -um	fehlerfrei, tadellos, korrekt
emendo, 1	bessern, verbessern
emo, emi, emptus, 3	kaufen
en	siehe, siehe da
enarratio, -onis, f.	Aufzählung, Interpretation
enchiridion (griech.), -ii, n.	Handbuch
encomium, -i, n.	Lobrede, Loblied
ephemeris, -idis, f.	Tagebuch, Zeitschrift
epicus, -a, -um	episch
epigramma (griech.), -atis, n.	Inschrift, Epigramm
epigraphicus, -a, -um	epigraphisch
episcopus, -i, m.	Bischof
epistola s. epistula	
epistula (epistola), -ae, f.	Brief
epitome (griech.), -ae, f.	kurzer Auszug
erga (mit Akk.)	gegenüber
erudio, 4	unterrichten, bilden
et	und, auch
etiam	auch, ferner
eucharistia, -ae, f.	Abendmahl, Eucharistie
evangeliarium, -i, n.	Evangeliar
evangelium, -i, n.	Evangelium
ex s. e	
exactus, -a, -um	genau
excelsum, -i, n.	Höhe
excerptum, i, n.	Auszug
excogito, 1	ausdenken, ausfindig machen
excolo, -colui, -cultum, 3	bilden, veredeln
excudo, -di, -sum, 3	prägen, verfertigen, drucken
exemplum, -i, n.	Beispiel
exhibeo, -ui, -itum, 2	darbieten, (vor)zeigen
exordium, -i, n.	Anfang, Einleitung
expello, -puli, -pulsum, 3	vertreiben, verjagen
expeto, -ivi, -itum, 3	erstreben

explicatio, -onis, f.	Erklärung, Deutung
explicit (liber)	(das Buch) ist zu Ende
explico, 1	entfalten, entwickeln, erklären
expono, -posui, -positum, 3	hinaussetzen, darlegen
exprimo, -pressi, -pressum, 3	ausdrücken, abdrücken, gestalten
expurgo, 1	reinigen
exscribo, -scripsi, -scriptum, 3	abschreiben, aufschreiben
exsto (exto), -, -, 1	(noch) vorhanden sein
externus, -a, -um	der äußere
exto s. exsto	
extra (mit Akk.)	außerhalb

F

fabrica, -ae, f.	Werkstätte, Kunstfertigkeit, (kunstvoller) Bau
fabula, -ae, f.	Erzählung, Fabel
facies, -ei, f.	Aussehen, Gesicht
facilis, -e	leicht (zu tun)
facinus, -oris, n.	Tat, Übeltat
facio, feci, factum, 3	tun, machen
factum, -i, n.	Tat, Tatsache
facultas, -atis, f.	Fähigkeit, Fakultät
falsitas, -atis, f.	Falschheit, Irrtum
famosus, -a, -um	berühmt
fasciculus, -i, m.	kleines Bündel, Heft
fateor, fassus sum, 2	bekennen, äußern
fatum , -i, n.	Schicksal
faveo, favi, fautum, 2	günstig sein, gnädig sein
felix, Gen.: -icis	glücklich, gesegnet
femina, -ae, f.	Frau
fidelis, -e	treu, zuverlässig, rechtgläubig
fidelis, -is, m.	Christ
fides, -ei, f.	Glaube, Vertrauen
fiducia, -ae, f.	Vertrauen
figura, -ae, f.	Gestalt, Bild, Abbildung
filius, -i, m.	Sohn
finio, 4	beenden, enden, aufhören
finis, -is, m.	Grenze, Ziel, Ende
fixus, -a, -um	fest, unveränderlich
flamma, -ae, f.	Flamme
Florentinus, -a, -um	zu Florenz gehörig
florenus, -i, m.	Gulden
floridus, -a,- um	blühend, aus Blumen bestehend
florilegium, -i, n.	Blütenlese
flumen, -inis, n.	Fluß, Strom
fluo, fluxi, (fluxum), 3	fließen, strömen
folium, i, n.	Blatt
fons, fontis, m.	Quelle

forma, -ae, f.	Form, Gestalt
formo, 1	formen, gestalten
fortuna, -ae, f.	Schicksal, Glück
fragmentum, -i, n.	Bruchstück
Francofurtensis, -e	zu Frankfurt gehörig
Francofurtum, -i, n.	Frankfurt
frater, -tris, m.	Bruder
fratres praedicatores	Dominikaner (Pl.)
fraus, fraudis, f.	Betrug, Hinterlist, Tücke
Frisia, -ae, f.	Friesland
fructus, -us, m.	Frucht, Ertrag, Gewinn
fugio, fugi, fugitum, 3	fliehen
fundo, 1	gründen, begründen
futurus, -a, -um	künftig, zukünftig

G

Galatae, -arum, m.	Galater
Gallia, -ae, f.	Gallien, Frankreich
Gallicus, -a, -um	gallisch, französisch
Gelasianus, -a, -um	zu Gelasius gehörig
generalis, -e	allgemein
gens, gentis, f.	Geschlecht, Volk, Pl.: Völker, Heiden
gentiles, -ium, m.	Barbaren, Nichtrömer, Heiden
genus, -eris, n.	Geschlecht, Gattung, Art, Gesamtheit
geographicus, -a, -um	geographisch
geometria, -ae, f.	Geometrie
Germani, -orum, m.	Germanen
Germania, -ae, f.	Germanien, Deutschland
Germanicus s. Germanus	
Germanus (Germanicus), -a, -um	germanisch, deutsch
gero, gessi, gestum, 3	tragen, ausführen
gesta, -orum, n.	Taten, Kriegstaten
gloria, -ae, f.	Ruhm, Ehre
glossa, -ae, f.	Erklärung (einer Textstelle), Glosse
glossarium, -i, n.	erklärendes Wörterbuch, Glossar
Gothicus, -a, -um	gotisch
Graeci, -orum, m.	Griechen
Graecia, -ae, f.	Griechenland
Graecus, -a, -um	griechisch
grammatica, -ae, f.	Grammatik
grandis, -e	groß, bedeutend
gratia, -ae, f.	Gunst, Dank, Gnade
gratulatorius, -a, -um	glückwünschend, Glückwunsch-

H

habeo, -ui, -itum, 2	haben, halten
habitus, -us, m.	Aussehen, Tracht
hagiographicus, -a, -um	hagiographisch
harmonia, -ae, f.	Harmonie
Hebraeus (Hebraicus), -a, -um	hebräisch
Hebraicus s. Hebraeus	
Heidelberga, -ae, f.	Heidelberg
Hersfeldensis, -e	zu Hersfeld gehörig
Hibernicus, -a, -um	irisch
hic	hier
hic, haec, hoc	dieser
Hispania, -ae, f.	Spanien
Hispanicus, -a, -um	hispanisch, spanisch
historia, -ae, f.	Kunde, Geschichte
historicus, -a, -um	geschichtlich
historicus, -i, m.	Geschichtsforscher, Geschichtsschreiber
homo, -inis, m.	Mensch
honor, -oris, m.	Ehre
honoro, 1	ehren
hortus, -i, m.	Garten
huc	hierher, hierhin
humanitas, -atis, f.	Menschlichkeit, Humanität
humanus, -a, -um	menschlich

I

ianua, -ae, f.	Tür, Zugang
icon (griech.), -conis, f.	Bild
idem, eadem, idem	derselbe
Ienensis, -e	zu Jena gehörig
igitur	also, somit
ille, -a, -ud	jener
illustris, -e	glänzend, berühmt, erlaucht
illustro, 1	erleuchten, anschaulich machen, erläutern
imago, -inis, f.	Bild, Ebenbild
impensa, -ae, f.	Aufwand, Kosten
imperator, -oris, m.	Feldherr, Herrscher, Kaiser
impressor, -oris, m.	Drucker
impressorius, -a, -um	Buchdrucker-, Druck-
imprimo, -pressi, -pressum, 3	drucken
in (mit Abl.)	in, an, auf
(mit Akk.)	in, an, auf, nach, zu
incendium, -i, n.	Brand, Feuer
incertus, -a, -um	ungewiß, unsicher
incipio, (coepi), -ceptum, 3	anfangen, beginnen
index, -icis, m.	Verzeichnis, Register

indoctus, -a, -um	ungelehrt, ungebildet
Indogermanicus, -a, -um	indogermanisch
indulgeo, -dulsi, -dultum, 2	nachgeben, gewähren
industria, -ae, f.	Betriebsamkeit, Fleiß
ineditus, -a, -um	noch nicht herausgegeben, unveröffentlicht
inferior, -ius	der untere, der spätere
infero, intuli, illatum, inferre	hineintragen, zufügen
infimus, -a, -um	der unterste, der letzte
infinitus, -a, -um	unendlich, zahllos
informo, 1	gestalten, darstellen, schildern
infra	unten, unterhalb
infundo, -fudi, -fusum, 3	hingießen
ingenium, -i, n.	Verstand, Geist, Begabung
inimicus, -i, m.	Feind
initium, -i, n.	Anfang
innumerus, -a, -um	unzählig, zahllos
inscriptio, -onis, f.	Inschrift
insero, -sevi, -situm, 3	einsäen, einpflanzen
inservio, 4	dienen
insignis, -e	auffallend, ausgezeichnet
instituo, -ui, -utum, 3	einrichten, errichten, anordnen, unterrichten, (aus)bilden
institutio, -onis, f.	Unterweisung
institutum, -i, n.	Anweisung, Einrichtung, Institut
instrumentum, -i, n.	Gerät, Urkunde
instruo, -struxi, -structum, 3	ausrüsten, ausstatten, unterweisen
insula, -ae, f.	Insel
insum, (nur: fui), inesse	in (etwas) sein
insuperabilis, -e	unüberwindlich
integer, -gra, -grum	unversehrt, unverkürzt, vollständig
intellectus, -us, m.	Erkenntnis, Verstand
intellegibilis (intelligibilis), -e	verständlich, denkbar
intellego (intelligo), -lexi, -lectum, 3	erkennen, verstehen
intelligibilis s. intellegibilis	
intelligo s. intellego	
inter (mit Akk.)	zwischen, inmitten
internationalis, -e	international
internus, -a, -um	der innere
interpres, -pretis, m.	Vermittler, Übersetzer, Ausleger
interpretatio, -onis, f.	Erklärung, Deutung, Übersetzung
interrogo, 1	fragen
intitulo, 1	betiteln
invenio, -veni, -ventum, 4	finden, entdecken, erfinden
inventarium, -i, n.	Bestandsverzeichnis
inventio, -onis, f.	Erfindung, Erfindungsgabe
invidia, -ae, f.	Neid
ipse, -a, -um	selbst
ira, -ae, f.	Zorn
is, ea, id	dieser

iste, -a, -ud	dieser
ita	so
Italia, -ae, f.	Italien
iter, itineris, n.	Weg
iudex, -icis, m.	Richter
iudicium, -i, n.	gerichtliche Untersuchung, Gerichtshof, Urteil
iurisprudentia, -ae, f.	Rechtswissenschaft
ius, iuris, n.	Recht
ius canonicum	Kirchenrecht
iussu	auf Befehl, auf Geheiß
iustus, -a, -um	gerecht
iuxta (mit Akk.)	dicht neben, gemäß

L

labor, lapsus sum, 3	sinken, entgleiten
labor, -oris, m.	Arbeit
laetifico, 1	erfreuen
lateo, -ui, -, 2	verborgen sein
Latinitas, -atis, f.	(gute) lateinische Sprache, Latinität
Media Latinitas	Mittellatein
Latinus, -a, -um	lateinisch
Latinus, -i, m.	Latiner, Lateiner
Latium, -i, n.	Latium
latro, -onis, m.	Söldner, Räuber
laudo, 1	loben
laureus, -a, -um	Lorbeer-
laus, laudis, f.	Lob
lectio, -onis, f.	Lesen, Lesung, Lektüre
lectionarium, -i, n.	Lektionar
lector, -oris, m.	Leser
legatus, -i, m.	Gesandter, Bevollmächtigter
legenda, -ae, f.	Heiligenerzählung, Legende
legislator, -oris, m.	Gesetzgeber
legitimus, -a, -um	gesetzlich, recht
lego, legi, lectum, 3	lesen
levis, -e	leicht (von Gewicht), unbedeutend
lex, legis, f.	Gesetz
lexicon (griech.), -i, n.	Wörterbuch
libellus, -i, m.	Büchlein, kleine Schrift
liber, -bri, m.	Buch
liber, -era, -erum	frei
liberi, -orum, m.	Kinder
libertas, -atis, f.	Freiheit
libraria, -ae, f.	Buchhandlung, Bibliothek
librarius, -a, -um	zum Buch gehörig, Buch-
librarius, -i, m.	Schreiber, Buchhändler, Bibliothekar
ligneus, -a, -um	hölzern

lingua, -ae, f. — Zunge, Sprache
linguisticus, -a, -um — sprachwissenschaftlich
Lipsia, -ae, f. — Leipzig
litera s. littera, literarius s. litterarius
lithographicus, -a, -um — lithographisch
littera (litera), -ae, f. — Buchstabe, Schreiben, Pl.: Literatur, Wissenschaft(en)
litterarius, -a, -um — literarisch
litteratus, -a, -um — gelehrt, gebildet
litteratus, -i, m. — Gelehrter
liturgicus, -a, -um — liturgisch
locuples, Gen.: -etis — reich, reichlich
locupleto, 1 — bereichern, reichlich ausstatten
locus, -i, m. — Ort, Stelle
    Pl.: loca, -orum, n. — Orte
    Pl.: loci, -orum, m. — Stellen (in Büchern), Hauptlehren (einer Wissenschaft)
Lombardia, -ae, f. — Lombardei
longus, -a, -um — lang
loquor, locutus sum, 3 — sprechen, reden
Lovaniensis, -e — zu Leuven (Louvain) gehörig
ludo, -si, -sum, 3 — spielen
ludus, -i, m. — Spiel
Lugdunum, -i, n. — Lyon
lumen, -inis, n. — Licht
luminar, -aris, n. — Licht, Gestirn
luna, -ae, f. — Mond
Lutetia (Parisiorum), -ae, f. — Paris
lux, lucis, f. — Licht

M

Macedonicus, -a, -um — makedonisch
magister, -tri, m. — Meister, Lehrer, Magister
magistratus, -us, m. — Beamter, Pl.: Behörde, Obrigkeit
magnus, -a, -um — groß
maiestas, -atis, f. — Hoheit, Majestät
maior, -ius — größer
maiusculus, -a, -um — etwas größer
    (littera) maiuscula — Großbuchstabe
malus, -a, -um — schlecht, böse
maneo, mansi, mansum, 2 — bleiben
manuale, -is, n. — Handbuch
manus, -us, f. — Hand
manuscriptum, -i, n. — Handschrift
manuscriptus, -a, -um — handschriftlich
marginalia, -ium, n. — Randbemerkungen
mater, -tris, f. — Mutter
materia, -ae, f. — Materie, Stoff, Material
mathematicus, -a, -um — mathematisch

mathematicus, -i, m.	Mathematiker
maxime	am meisten
maximus, -a, -um	der größte, der höchste
me s. ego	
medicina, -ae, f.	Heilmittel, Heilkunde, Medizin
medicus, -i, m.	Arzt
Mediolanensis, -e	zu Mailand gehörig
meditatio, -ionis, f.	Nachdenken, Meditation
medius, -a, -um	in der Mitte befindlich, der mittlere
Meisnerianus, -a, -um	zu(r Druckerei) Meisner gehörig
melior, -ius	besser
membranum, -i, n.	Pergament
memorabilis, -e	denkwürdig, erwähnenswert
memoria, -ae, f.	Gedächtnis, Erinnerung
memoro, 1	erinnern (an), erwähnen
mens, mentis, f.	Verstand, Geist
mensa, -ae, f.	Tisch, Essen
mensis, -is, m.	Monat
mentior, mentitus sum, 4	lügen
meritum, -i, n.	Lohn, Verdienst
messorius, -a, -um	Schnitter-
methodus, -i, f.	Methode
metricus, -a, -um	metrisch
militaris, -e	militärisch, Kriegs-
minor, -us	kleiner
minus (Adv.)	weniger
mirabilia, -ium, n.	Wunder (Pl.)
miscellanea, -orum, n.	Schrift vermischten Inhalts, Miszellaneen
miseria, -ae, f.	Elend
missa, -ae, f.	Messe
missale, -is, n.	Meßbuch
modernus, -a, -um	neu, modern
modus, -i, m.	Maß, Art und Weise
Moenus, -i, m.	Main
momentaneus, -a, -um	augenblicklich, momentan
monachus, -i, m.	Mönch
Monasteriensis, -e	zu Münster gehörig
monasterium, -i, n.	Kloster
monumentum, -i, n.	Denkmal
morbus, -i, m.	Krankheit
morior, mortuus sum, 3	sterben
mors, mortis, f.	Tod
mortalis, -e	sterblich
mortuus, -a, -um	tot
mos, moris, m.	Sitte, Pl.: Lebenswandel
Mosqua, -ae, f.	Moskau
motus, -us, m.	Bewegung
mulier, -eris, f.	Weib, Frau

multi, -ae, -a	viele
multo	viel, bei weitem
mundus, -i, m.	Welt
musica, -ae, f.	Musik, Poesie, höhere Bildung
muto, 1	wechseln, ändern
mutus, -a, -um	stumm
mysticus, -a, -um	geheimnisvoll, mystisch

N

naenia s. nenia	
narrativus, -a, -um	erzählender Art
natalicius, -a, -um	zum Geburtstag gehörig, Geburtstags-
natalis, -e	Geburts-
natio, -onis, f.	Volk, Nation
natura, -ae, f.	Natur
naturalis, -e	natürlich
nec	und nicht, auch nicht
nec ...non (nec non)	und gewiß auch
negligens, Gen.: -entis	nachlässig
nenia (naenia), -ae, f.	Trauerlied, Klagelied
Neolatinus, -a, -um	neulateinisch
neotestamenticus, -a, -um	neutestamentlich
nerviosus, -a, -um	kraftvoll, nachdrücklich
nescio, 4	nicht wissen, nicht können
nitor, nisus sum, 3	sich stützen, trachten
nitor, -oris, m.	Glanz, Schimmer
nobis s. nos	
nobiscum	mit uns
nomen, -inis, n.	Name, Substantiv
non	nicht
nonnulli, -ae, -a	einige, manche
nonus, -a, -um	der neunte
nos	wir
Dat.: nobis	
Akk.: nos	
noster, -tra, -trum	unser
nota, -ae, f.	Zeichen, Merkmal, Anmerkung
notula, -ae, f.	kleines Zeichen, kurze Anmerkung
novem	neun
novissime	neuerdings, jüngst
novus, -a, -um	neu
nox, noctis, f.	Nacht
nullus, -a, -um	keiner
numerus, -i, m.	Zahl, Anzahl
nummus, -i, m.	Geldstück
nunc	jetzt
nuntius, -i, m.	Bote

nuper	neulich, jüngst, unlängst
nutrimentum, -i, n.	Nahrung

O

obeo, -ii, -itum, -ire	hingehen, sterben
oboedientia, -ae, f.	Gehorsam
observatio, -onis, f.	Beobachtung
observo, 1	beobachten
occidens, -entis, m.	Westen, Abendland
occupo, 1	einnehmen, besetzen, angreifen
octo	acht
octoginta	achtzig
oculus, -i, m.	Auge
odium, -i, n.	Haß
oecumenicus, -a, -um	ökumenisch
offendo, -fendi, -fensum, 3	verletzen, beleidigen
offero, obtuli, oblatum, offere	darbringen, anbieten, darbieten
officina, -ae, f.	Werkstatt, Druckerei
officina libraria	Druckerei
officium, -i, n.	Dienst, Amt, Pflicht
omnis, -e	jeder, Pl.: alle
opera, -ae, f.	Arbeit, Mühe, Tätigkeit
optimus, -a, -um	der beste
opus, -eris, n.	Werk
opusculum, -i, n.	kleines Werk, kleine Schrift
oratio, -onis, f.	Rede, Gebet
orator, -oris, m.	Redner
orbis, -is, m.	Kreis, Umkreis, Gebiet, (Sonnen-, Mond-)Scheibe
orbis terrarum	Erdkreis
ordo, -inis, m.	Reihe, Ordnung, Orden (relg.)
ordo Cartusiensis	Kartäuserorden
ordo praedicatorum	Dominikanerorden
orientalis, -e	orientalisch, östlich
origo, -inis, f.	Ursprung
oro, 1	reden, sprechen, bitten, beten
otium, -i, n.	Muße, Müßiggang
ovum, -i, n.	Ei

P

paene	fast, beinahe
pagina, -ae, f.	Seite
Palatinus, -a, -um	fürstlich, pfälzisch
papa, -ae, m.	Papst
papyrus, -i, m.	Papyrusstaude, Papyrus
par, Gen.: paris	gleich
parabola, -ae, f.	Gleichnis, Parabel

parallelus, -a, -um	parallel
paraphrasis, -is, f.	Umschreibung, Kommentar
Parisiensis, -e	zu Paris gehörig
Parisii, -orum, m.	Paris
Parma, -ae, f.	Parma
paro, 1	vorbereiten, besorgen
pars, partis, f.	Teil
pater, -tris, m.	Vater
patriarcha, -ae, m.	Erzvater, Patriarch
patristicus, -a, -um	patristisch, Kirchenväter-
patrologia, -ae, f.	Patrologie, Patristik
paulatim s. paullatim	
paullatim (paulatim)	allmählich, nach und nach
pauper, Gen.: -eris	arm
pax, pacis, f.	Friede
peccator, -oris, m.	Sünder
pello, pepuli, pulsum, 3	schlagen, stoßen, vertreiben
per (mit Akk.)	durch, von
perago, -egi, -actum, 3	durchführen
perduco, -duxi, -ductum, 3	hinführen
peregrinatio, -onis, f.	Pilgerschaft, Pilgerfahrt
pereo, -ii, -itum, -ire	verlorengehen, aufhören
perfectus, -a, -um	vollendet, vollkommen
perficio, -feci, -fectum, 3	vollenden
Pergamenus, -a, -um	zu Pergamon gehörig
periculum, i, n.	Gefahr, Wagnis
persequor, -secutus sum, 3	verfolgen, durchforschen, abhandeln
persona, -ae, f.	Person
personalis, -e	persönlich, personal
perspicuus, -a, -um	deutlich, offenbar
pertineo, -tinui, -, 2	sich erstrecken, sich beziehen
perutilis, -e	sehr nützlich
philologicus, -a, -um	philologisch
philosophia, -ae, f.	Philosophie
philosophus, -i, m.	Philosoph
pictor, -oris, m.	Maler
pingo, pinxi, pictum, 3	zeichnen, malen
Pisae, -arum, f.	Pisa
pius, -a, -um	fromm, gottgefällig, gewissenhaft
planeta, -ae, f.	Planet
planta, -ae, f.	Setzling, Pflanze
planus, -a, -um	flach, eben
Platonicus, -a, -um	zu Platon gehörig, platonisch
plerumque	meistens
plures, -a	mehr (Adj.)
plurimi, -ae, -a	die meisten, sehr viele
poema (griech.), -atis, n.	Gedicht
poeta, -ae, m.	Dichter

poetica, -ae, f.	Dichtkunst
poeticus, -a, -um	dichterisch
polyglottus, -a, -um	vielsprachig, mehrsprachig
pono, posui, positum, 3	setzen, stellen, legen
pons, pontis, m.	Brücke
pontifex, -icis, m.	Oberpriester, Priester
Pontifex Maximus	Oberster Priester, Papst
pontificius, -a, -um	päpstlich, bischöflich
Pontus, -i, m.	das Schwarze Meer, Pontus
populus, -i, m.	Volk
possum, potui, posse	können
post (mit Akk.)	hinter, nach
posterior, -ius	der hintere, der spätere, der zweite (von zweien)
postremus, -a, -um	der letzte
postilla, -ae, f.	Kommentar (zu Bibeltexten), Postille
potentia, -ae, f.	Kraft, Macht
potis, -e	mächtig
potius	vielmehr, eher
practicus, -a, -um	tätig, praktisch
praebeo, -ui, -itum	darbieten, zeigen
praeceptum, -i, n.	Vorschrift, Weisung, Rat
praecipio, -cepi, -ceptum, 3	vorschreiben, lehren
praecipuus, -a, -um	hervorragend, ausgezeichnet, ein besonderer
praeclarus, -a, -um	glänzend, vortrefflich, berühmt
praedicator, -oris, m.	Prediger
praedico, 1	preisen, predigen
praefatio, -onis, f.	Vorwort, Einleitung
(praefor), 1	als Vorwort vorausschicken
praesens, -entis	gegenwärtig
praesertim	besonders
praesideo, -sedi, -sessum, 2	leiten, den Vorsitz haben
praeter (mit Akk.)	vorbei an, nebst, abgesehen von
praeteritus, -a, -um	vergangen, verflossen
praevius, -a, -um	vorausgehend
prelum, -i, n.	Presse, Druckerei
presbyter, -teri, m.	Presbyter, Priester
pridem	unlängst, vor kurzem
primum	zum erstenmal, zuerst
primus, -a, -um	vorderster, erster
princeps, -cipis	vorderster, erster
princeps, -cipis, m.	Herrscher, Fürst
principalis, -e	erster, Haupt-
principium, -i, n.	Anfang, Grund, Grundlage, Prinzip
prior, -ius	der vordere, der frühere, der erste (von zweien)
privatus, -a, um	persönlich, Privat-
privilegium, -i, n.	Vorrecht, Privileg
pro (mit Abl.)	vor, für, gemäß
probatus, -a, -um	erprobt, bewährt

probo, 1	prüfen, billigen, gutheißen
prodeo, -ii, -itum, -ire	hervorgehen, erscheinen, sich zeigen
produco, -duxi, -ductum, 3	vorführen, hervorbringen
profectus, -us, m.	Erfolg
professio, -onis, f.	Beruf, Ordensgelübde
professor, -oris, m.	Professor
proficio, -feci, -fectum, 3	vorwärtskommen, Fortschritte machen
progressus, -us, m.	Fortschritt
prohibeo, -ui, -itum, 2	abwehren, verbieten
prologus, -i, m.	Vorrede, Prolog
promulgo, 1	öffentlich ankündigen
pronuntiatio, -onis, f.	öffentliche Bekanntmachung, Vortrag, Deklamation
prooemium, -i, n.	Einleitung, Vorrede
propago, 1	ausdehnen, verlängern
propheticus, -a, -um	prophetisch
propheto, 1	weissagen, prophezeien
proprius, -a, -um	eigen
prosto, -stiti, -, 1	zum Verkauf stehen
psalterium, -i, n.	Psalter
psychologicus, -a, -um	psychologisch
publico, 1	veröffentlichen
publicus, -a, -um	öffentlich
puerilis, -e	kindlich, Knaben-
pulcher, -chra, -chrum	schön
pusillanimitas, -atis, f.	Kleinmut
puto, 1	meinen, glauben

Q

quadraginta	vierzig
quaero, -sivi, -situm, 3	suchen, fragen, wissenschaftlich untersuchen
quaestio, -onis, f.	Frage
qualitas, -atis, f.	Beschaffenheit
quam	wie, als (beim Komp.)
quando	als, da
quantum	wieviel, soviel
quartus, -a, -um	der vierte
quasi	gleichsam, wie
quattuor	vier
-que	und
qui, quae, quod	der, welcher
quia	weil
quidam, quaedam, quoddam	ein gewisser
quidem	gewiß, freilich, allerdings
quindecim	fünfzehn
quinque	fünf
quintus, -a, um	der fünfte
quicumque, quaecumque, quodcumque	jedweder, jeglicher

quicunque s. quicumque

quivis, quaevis, quodvis	jeder beliebige
quodammodo	gewissermaßen
quondam	einst, ehemals
quoque	auch

R

ratio, -onis, f.	Vernunft, Methode, Denkart, Verfahren, Theorie, (wissenschaftliches) System, Beweisgrund, Beschaffenheit, Angelegenheit, Berücksichtigung
recens (Adv.)	jüngst, neuerdings
recens, Gen.: -entis (Adj.)	neu, modern
recenseo, -sui, -sum, 2	kritisch beurteilen, durcharbeiten
recipio, -cepi, -ceptum, 3	annehmen, aufnehmen, gestatten, gutheißen
recognosco, -novi, -nitum, 3	wiedererkennen, prüfend durchsehen, revidieren
rectus, -a, -um	gerade, recht, richtig
redemptor, -oris, m.	Erlöser
redigo, -egi, -actum, 3	(in einen Zustand) bringen
redivivus, -a, -um	wieder lebendig geworden, auferstanden
refugium, -i, n.	Zuflucht
regina, -ae, f.	Königin
regio, -onis, f.	Gegend, Stadtbezirk
registrum, -i, n.	Verzeichnis
regno, 1	herrschen
rego, rexi, rectum, 3	lenken, leiten, geraderichten
regula, -ae, f.	Richtschnur, Regel, Ordensregel
religio, -onis, f.	Religion
religiosus, -i, m.	Mönch
reliquiae, -arum, f.	Überbleibsel, Reliquien, Hinterlassenschaft
remedium, -i, n.	Heilmittel, Arznei
reminiscor, -, 3	zurückdenken, sich erinnern
remitto, -misi, -missum, 3	zurückschicken
remotus, -a, -um	entfernt
renovator, -oris, m.	Erneuerer
reperio, repperi, repertum, 4	auffinden
repertorium, -i, n.	Verzeichnis, Nachschlagewerk
repono, -posui, -positum, 3	zurücklegen, zurückstellen
res, rei, f.	Sache
res militaris	Kriegswesen
res publica	Staat
res rustica	Landwirtschaft
resero, 1	aufschließen
resideo, -sedi, -sessum, 2	sitzen, verweilen
restituo, -ui, -utum, 3	wiederherstellen
resuscito, 1	wieder erwecken
retineo, -tinui, -tentum, 2	festhalten, bewahren
revolutio, -onis, f.	Umdrehung, Umlauf, Bahn

rex, regis, m.	König
Rhenus, -i, m.	Rhein
rhetoricus, -i, m.	Lehrbuch der Redekunst, Redner
ridiculosus, -a, -um	spaßhaft
Roma, -ae, f.	Rom
Romanicus, -a, -um	romanisch
Romanus, -a, -um	römisch
Romanus, -i, m.	Römer
rudimentum, -i, n.	erster Versuch, Vorschule
rusticus, -a, -um	ländlich, Land-

S

sacer, -cra, -crum	heilig
sacerdos, -otis, m.	Priester
sacramentum, -i, n.	Eid, Sakrament
sacrificium, -i, n.	Opfer
sacrosanctus, -a, -um	hochheilig
saeculum, -i, n.	Zeitalter, Jahrhundert
salus, -utis, f.	Gesundheit, Heil, Rettung
salutaris, -e	heilsam
salvatio, -onis, f.	Errettung, Heil
sanctus, -a, -um	heilig
sanctus, -i, m.	Heiliger
Sanctus Bertinus, -i -i, m.	Saint-Bertin
sanitas, -atis, f.	Gesundheit
sapientia, -ae, f.	Weisheit
scalae, -arum, f. (auch Sg.)	Leiter, Treppe
schola, -ae, f.	Vortrag, Vorlesung, Schule
scholaris, -is, m.	Student
scholion (griech.), -ii, n.	gelehrte Anmerkung, Erläuterung
scientia, -ae, f.	Wissen, Wissenschaft
scintillo, 1	Funken sprühen, funkeln
scio, scivi, scitum, 4	wissen, (sich auf etwas) verstehen
Scotia, -ae, f.	Schottland
Scoticus (Scotticus), -a, -um	schottisch, irisch
Scotticus s. Scoticus	
scriba, -ae, m.	Schreiber
scribo, scripsi, scriptum, 3	schreiben
scrinium, i, n.	Schachtel, Schrank, Archiv
scriptor, -oris, m.	Schreiber, Schriftsteller
scriptorium, -i, n.	Schreibstube (eines Klosters)
scriptum, -i, n.	Schrift, literarisches Werk
scriptura, -ae, f.	Schrift, Schriftstück
Sancta Scriptura	Heilige Schrift, Bibel
Scriptura Sacra	
scrupulositas, -atis, f.	ängstliche Genauigkeit
sectio, -onis, f.	Schnitt, Sektion

secundum (mit Akk.)	gemäß, nach
secundus, -a, -um	der zweite
sed	aber, jedoch, sondern
sedeo, sedi, sessum, 2	sitzen
sedes, -is, f.	Sitz, Stuhl
sedulo (Adv.)	aufmerksam
seligo, -legi, -lectum, 3	auswählen
separatim	getrennt, für sich
semper	immer
senectus, -utis, f.	Greisenalter
sententia, -ae, f.	Meinung, Lehrsatz
septem	sieben ·
September, -bris, -e	zum September gehörig
(mensis) September	September
septimus, -a, -um	der siebente
septuagesimus, -a, -um	der siebzigste
septuaginta	siebzig
Septuaginta	Septuaginta
sequor, secutus sum, 3	folgen
serenus, -a, -um	heiter, fröhlich
series, -ei, f.	Reihe
sermo, -onis, m.	Gespräch, Sprache, Predigt
seu	oder
sex	sechs
sexagenarius, -a, -um	sechzigjährig
sextus, -a, -um	der sechste
si	wenn
Sicilia, -ae, f.	Sizilien
sido, sedi, sessum, 3	sich setzen
sidus, -eris, n.	Sternbild, Gestirn
sigla, -orum, n.	Abkürzungen, Abkürzungszeichen (Pl.)
significatio, -onis, f.	Bezeichnung, Bedeutung
signum, -i, n.	Zeichen, Merkmal
silentium, -i, n.	Schweigen, Stille
silex, -icis, m.	Kiesel
silva, -ae, f.	Wald, große Menge, Fülle
simulo, 1	nachbilden, vorgeben
sine (mit Abl.)	ohne
singularis, -e	einzeln, außerordentlich
situs, -us, m.	Lage, Stellung
sive	oder
societas, -atis, f.	Gesellschaft
socius, -i, m.	Gefährte
Socii Bollandiani	Bollandisten
sol, solis, m.	Sonne
solacium (solatium), -i, n.	Trost
solatium s. solacium	
solemnis, -e	feierlich, festlich

solidus, -a, -um	gediegen, kompakt
somnium, -i, n.	Traum
spatium, -i, n.	Raum, Zwischenraum
specimen, -inis, n.	Probe, Muster
specto, 1	schauen, sich beziehen auf
speculum, -i, n.	Spiegel
spes, spei, f.	Hoffnung
sphaericus, -a, -um	die Kugel betreffend, sphärisch
spiritualis, -e	geistig, geistlich
spiritus, -us, m.	Geist
spolium, -i, n.	Beute
stabilio, 4	befestigen, sichern
status, -us, m.	Zustand
statutum, -i, n.	Bestimmung, Statut
stella, -ae, f.	Stern
stella fixa	Fixstern
stilus, -i, m.	Griffel, Stil
stirps, stirpis, f.	Wurzel, Stamm, Pflanze
sto, steti, statum, 1	stehen
Stoicus, -i, m.	Stoiker
studiosus, -a, -um	eifrig, studierend, gelehrt
studium, -i, n.	Eifer, Studium
stultus, -a, -um	dumm, töricht
sub (mit Abl.)	unter, unterhalb
(mit Akk.)	unter, unter ... hin
subditus, -i, m.	Untertan
subiecio, -ieci, -iectum, 3	unterwerfen, unterordnen, darbieten
subsidium, -i, n.	Hilfe, Hilfsmittel
subtraho, -traxi, -tractum, 3	heimlich entziehen, entfernen
successor, -oris, m.	Nachfolger
sum, fui, esse	sein
summa, -ae, f.	Summe, Gesamtheit, zusammenfassende Darstellung
summula, -ae, f.	kleine Summe, knappe Zusammenfassung, kurzer Abriß
summus, -a, -um	der höchste
sumtus s. sumptus	
sumptus, -us, m.	Aufwand, Kosten
super (mit Akk.)	über, auf
superior, -ius	der obere, der frühere
supero, 1	hervorragen, überragen
superstes, Gen.: -stitis	überlebend, übrigbleibend, überdauernd
supersum, superfui, superesse	übrig sein, noch vorhanden sein
supplementum, -i, n.	Ergänzung, Nachtrag
supra	oben, oberhalb
supremus, -a, -um	der höchste, der oberste
suus, -a, -um	sein, ihr (Pl.)
synopsis, -is, f.	Entwurf, Verzeichnis, Synopse
Syriacus, -a, -um	syrisch

T

tabula, -ae, f.	Tafel, Gemälde
tabula lithographica	Lithographie
tacitus, -a, -um	schweigend, stumm
tam	so
non tam ... quam	nicht so sehr ... als vielmehr
tamen	doch, dennoch
tantum	so sehr, nur
non tantum ... sed (etiam)	nicht nur ... sondern (auch)
templum, -i, n.	Tempel, Kirche
tempus, -oris, n.	Zeit
terra, -ae, f.	Erde, Land
Terra Sancta	das Heilige Land
tertius, -a, -um	der dritte
testamentum, -i, n.	letzter Wille, Testament
Novum Testamentum	das Neue Testament
Vetus Testamentum	das Alte Testament
testimonium, -i, n.	Zeugnis (vor Gericht), Zitat
Teubnerianus, -a, -um	zu(m Verlag) Teubner gehörig
textus, -us, m.	Gewebe, Text
theatrum, -i, n.	Schauplatz, Theater
theologia, -ae, f.	Theologie
theologicus, -a, -um	theologisch
theologus, -i, m.	Theologe
theoricus, -a, -um	spekulativ, theoretisch
thesaurus, -i, m.	Schatz, Schatzkammer, Wortschatz
thesis, -is, f.	These
Tigurinus, -a, -um	zu Zürich gehörig
Tigurum, -i, n.	Zürich
titulus, -i, n.	Titel
tomus, -i, m.	Band
totus, -a, -um	ganz
tractatio, -onis, f.	Behandlung, ausführliche Abhandlung, Untersuchung
tractatus, -us, m.	Erörterung, Abhandlung
tracto, 1	behandeln
trado, -didi, -ditum, 3	ausliefern, überliefern
tragicus, -a, -um	tragisch
tragoedia, -ae, f.	Trauerspiel, Tragödie
transcriptio, -onis, f.	(schriftliche) Übertragung, Transkription
transfero, transtuli, translatum, transferre	hinüberbringen, übersetzen
tres, tria	drei
triangulum, -i, n.	Dreieck
tribulatio, -onis, f.	Trübsal, Not
tribuo, -ui, -utum, 3	austeilen, einteilen, gewähren
Tridentinus, -a, -um	zu Trient gehörig
triginta	dreißig

tripartitus, -a, -um	in drei Teile geteilt, dreiteilig
Troia, -ae, f.	Troja
Tubinga, -ae, f.	Tübingen
Tubingensis, -e	zu Tübingen gehörig
tum	dann, damals
tum ... tum	einmal ... das andere Mal
tumulus, -i, m.	Hügel, Grabhügel, Grab
Turnholtum, -i, n.	Turnhout
turris, -is, f.	Turm
tutus, -a, -um	sicher, geschützt
tuus, -a, -um	dein
typographicus, -a, -um	zur Druckkunst gehörig, Druck-
typographus, -i, m.	Drucker
typus, -i, m.	Figur, gegossener Buchstabe, Letter

U

ultimus, -a, -um	der letzte
umbra, -ae, f.	Schatten
una (Adv.)	zusammen
undecimus, -a, -um	der elfte
undique	von allen Seiten, in jeder Hinsicht
unio, 4	vereinigen
unio, -onis, f.	Einheit, Vereinigung
universalis, -e	allgemein
universitas, -atis, f.	Gesamtheit, Universität
universus, -a, -um	gesamt, ganz
unus, -a, -um	einer
urbs, urbis, f.	Stadt, Hauptstadt
usque	bis ... nach, bis ... hin
usus, -us, m.	Gebrauch
ut (mit Konj.)	damit, daß
uterque, utraque, utrumque	jeder (von beiden), beide
utilis, -e	nützlich
utilitas, -atis, f.	Nutzen, Vorteil
utor, usus sum, 3 (mit Abl.)	gebrauchen, benutzen
uxor, -oris, f.	Ehefrau, Gattin

V

vacatio, -onis, f.	Urlaub, Müßiggang
valetudo, -inis, f.	Gesundheit
vanitas, -atis, f.	Nichtigkeit, Eitelkeit
varius, -a, -um	verschieden, mannigfaltig
vas, vasis, n.	Gefäß
Vaticanus, -a, -um	zum Vatikan gehörig, vatikanisch
-ve	oder
vel	oder

vel ... vel	entweder ... oder, sei es ... oder sei es
ventus, -i, m.	Wind
velut	wie, gleichsam
venerabilis, -e	ehrwürdig, verehrungswürdig
veneror, 1	verehren
Venetiae, -arum, f.	Venedig
venor, 1	jagen
verax, Gen.: -acis	wahrhaftig
verbum, -i, n.	Wort
veritas, -atis, f.	Wahrheit
versificator, -oris, m.	Verskünstler, Dichter
versio, -onis, f.	Fassung, Übersetzung
versus, -us, m.	Zeile, Vers
verto, -rti, -rsum, 3	umwenden
verus, -a, -um	wahr, wirklich
vetus, Gen.: -eris	alt
vetustus, -a, -um	alt
vicinus, -a, -um	benachbart
victoria, -ae, f.	Sieg
video, vidi, visum, 2	sehen
viginti	zwanzig
Vimaria, -ae, f.	Weimar
Vindelici, -orum, m.	(keltisches Volk)
Vindobona, -ae, f.	Wien
vir, viri, m.	Mann
virgo, -inis, f.	Jungfrau
virtus, -utis, f.	Tapferkeit, Kraft, Tugend
vita, -ae, f.	Leben, Lebensbeschreibung
vitium, -i, n.	Fehler, Laster
vito, 1	meiden
vivo, vixi, -, 3	leben
vivus, -a, -um	lebend, lebendig
vocabularium, -i, n.	Wörterbuch
vocabulum, -i, n.	Bezeichnung, Wort
voco, 1	rufen, nennen
Voegelinianus, -a, -um	zur (Druckerei) Vögelin gehörig
volo, 1	fliegen
volumen, -inis, n.	Buchrolle, Band
voluntas, -atis, f.	Wille
vox, vocis, f.	Stimme, Wort, Äußerung
vulgaris, -e	allgemein üblich, gewöhnlich
vulgatus, -a, -um	allgemein verbreitet
Vulgata (Versio)	Vulgata

W

Westphalia, -ae, f.	Westfalen
Wirtenbergensis, -e	württembergisch

Bibliothek und Wissenschaft

Herausgegeben von Y. A. Haase,
M. Knoche, E. Mittler, G. Römer, H. Vogeler

Band 29 (1996)
Inkunabel- und Einbandkunde

*Beiträge des Symposions zu Ehren von Max Joseph Husung
am 17. und 18. 5. 1995, Helmstedt*

*1996. 352 Seiten, 53 Abb.
br, DM 238,– /öS 1737,– /sFr 211,50*

Inkunabelkunde: L. Hoffmann, Gutenberg und die Folgen. Zur Entwicklung des Bücherpreises im 15. und 16. Jhdt. / M. Boghart, Blattersetzung und Neusatz in frühen Inkunabeln / L. Hellinga, M. J. Husung and his discovery of a fragment of Dutch early printing / J. Vrchotky, Zu den Anfängen des Buchdrucks in Böhmen / H. Nickel, Zum Pariser Buchwesen um 1500 / N. Suckow, Der Magdeburger Frühdrucker Simon Koch – Zur Überlieferung seiner Druckproduktion / P. Needham, The Library of Hilprand Brandenburg / H. Kind, Die Geschichte der Inkunabelsammlung der Niedersächsischen Staats- und Universitätsbibliothek Göttingen / D. Mauss, Über meine Privatsammlung von 101 Inkunabeln / A. K. Offenberg, Über Dr. Ernst Daniel Goldschmidt und die Beschreibung hebräischer Inkunabeln für den GW / J. Goldfinch, Incunabula cataloguing at the end of the twentieth century: the uses of new technology

Einbandkunde: O. Mazal, Das Erbe der Antike im Schmuck des europäischen Einbandes / A. Schmitt, Eine Brandenburger Buchbinderwerkstatt – ihre Entwicklung vom 15. zum 16. Jhrdt. / A. Altmann, Der Rostocker Einband / K. v. Rabenau, Buchbinder des 16. und 17. Jhdts. / K. Jensen, Heinrich Walther, Christian Samuel Kalthoeber and other London Binders / J. Storm van Leuwen, Laufende Einbandprojekte der belgisch-niederländischen Bucheinband-Gesellschaft, insbesondere auf dem Gebiet der Terminologie

Biographisches: H. Kunze, Max Joseph Husung und die Bibliophilie / R. Volkmann. Max Joseph Husung und die Bedeutung der Helmstedter Heimatforschung in seinem Leben

HARRASSOWITZ VERLAG · WIESBADEN

1 **Erwerbungsabteilungen Deutscher Bibliotheken
(EDB 1997/98)**
Personen und Anschriften
Herausgegeben von Margot Wiesner
Bearbeitet von Stephen Röper mit Hiltrud Wilfert
*1997. IX, 200 Seiten (ISBN 3-447-03900-0),
br, DM 48,– /öS 350,– /sFr 44,50; Fortsetzungspreis DM 38,– /öS 277,– /sFr 35,–*

Das Verzeichnis nennt - nach Anschrift, Telefon- und Faxnummer sowie E-Mail Adres-
se der Bibliotheken - die für die Erwerbung zuständigen Mitarbeiterinnen und Mitarbeiter und deren Durchwahlnummern (hier zunehmend auch Faxnummern und E-Mail Ad-
resse). Daneben informiert EDB auch über die Sammelschwerpunkte sowie die Soft-
ware der Erwerbungsabteilungen. Aufnahmevoraussetzung ist ein Vermehrungsetat von
DM 100.000,–. Die jetzige 3. Ausgabe umfaßt über 600 Wissenschaftliche und Öffent-
liche Bibliotheken sowie Spezialbibliotheken.

2 Konrad Umlauf
Moderne Buchkunde
*1997. 191 Seiten (ISBN 3-447-03870-5),
br, DM 49,80 /öS 364,– /sFr 46,–*

Die wesentlichen Merkmale der Buchgattungen und der Erscheinungsweisen von
gedruckten Büchern werden hier erstmals im Zusammenhang dargestellt: Sachbuch
und Fachbuch, Monographie und Handbuch, Wörterbuch und Lexikon, Roman,
Dramen- und Gedichtband, Anthologie, Comic, Künstlerbuch, Kinder-, Jugend-,
Bilderbuch, Hard Cover, Taschenbuch, Fortsetzungswerk u.a.m. Behandelt werden
Inhalte und Darstellungsformen der jeweiligen Buchgattung, Bedeutung auf dem
Buchmarkt und in Bibliotheken, Rezeption und Verbreitung.

4 Brigitte Höckmair
OPL-Management
Arbeitsablauforganisation einer One-Person-Library
Mit Arbeitshilfen und Formularen
*1997. Ca. 234 Seiten (ISBN 3-447-03936-1),
br, ca. DM 128,–/öS 934,–/sFr 114,–*

Die One-Person Library (OPL) steht zunehmend im Interesse der bibliothekarischen
Öffentlichkeit. In einer solchen Bibliothek erledigt eine einzige Fachkraft (ggf. mit
Hilfskräften) alle Arbeiten. Höckmair beschreibt detailliert alle wesentlichen Berei-
che der Arbeitsablauforganisation einer OPL. Ein Formularteil mit 38 erprobten
Formularen, viele Tips und Arbeitshilfen sowie ca. 150 Serviceanschriften ergänzen
dieses Arbeitshandbuch.

———— HARRASSOWITZ VERLAG · WIESBADEN ————